Estevão Ribeiro do Espinho

Brasilientagebuch

Dritte, behutsam überarbeitete Neuauflage

FSC
www.fsc.org

MIX

Papier aus ver-
antwortungsvollen
Quellen
Paper from
responsible sources

FSC® C105338

Die Deutsche Nationalbibliothek verzeichnet diese Publikation in der Deutschen Nationalbibliografie; detaillierte bibliografische Daten sind im Internet abrufbar über http://dnb.d-nb.de.

Herstellung und Verlag: BoD - Books on Demand, Norderstedt
ISBN 783837020182

© Ribeiro do Espinho Fachmedien Berlin 2008
3. Auflage 2016

Diese Zeilen sind nicht zur Veröffentlichung bestimmt, weder im großen noch im kleinen Kreis. Sie sollen mir in der Zukunft helfen, mich zu erinnern, wie ich mich zu der Zeit der Niederschrift gefühlt habe. Dafür ist es mir wichtig, bestimmte Details zu schildern, denn in der Erinnerung bleiben immer nur einzelne Momente erhalten, Fetzen, die positiv oder negativ besetzt sind. Meist kommen mir die negativen Seiten als erstes in die erinnerte Gefühlswelt und lösen depressive Momente aus. Wenn die schönen Erlebnisse in Erinnerung kommen, dann meist mit der Wehmut verbunden, dass sie unwiederbringlich vergangen sind. Deshalb versuchte ich früher meist, die Vergangenheit aus meiner Umgebung zu verbannen. Gegenstände und Schriften, die entbehrlich geworden waren, übergab ich in solchen Phasen dem Feuer, um mich nicht den Erinnerung auslösenden Verbindungen auszusetzen, die sie erzeugten.

Trotzdem kamen die diffusen Erinnerungen immer wieder, meist als Momentaufnahmen der Peinlichkeit oder der Angst. Diese Extreme will ich nun vermeiden, indem ich das ganze Bild in seinen Details festhalte. Der Versuch, Gefühle als solche zu beschreiben, bringt mich dabei nur selten weiter, meist versagen die Worte. Nur die kleinen erlebten Ereignisse und Reaktionen fügen sich auch später noch im Kopf zu einem Bild, das Emotionen in die Erinnerung bringt. Bewusst wurde mir dies bei unserem letzten Besuch in Rathenow vor einer Woche. Wir gingen zu der Stelle, an der das Gebäude gestanden hatte, in dem ich die ersten 20 Jahre meines Lebens zubrachte. Jetzt befand sich dort eine langsam zuwachsende Sandfläche. Ich kann nicht sagen, dass mich das emotional nicht berührt hätte. Aber es war ein Gefühl der Absonderlichkeit, nicht des Erinnerns an bereits an diesem Ort erlebte Emotionen. Es fehlten die Details, die der Bagger Stück für Stück abgetragen hatte. Beim Besuch davor waren sie noch da gewesen, auch wenn das Gebäude schon leer stand. Vielleicht liest G diese Zeilen irgendwann einmal, um zu erfahren, was er erlebt hat, aber nicht erinnern kann.

Dienstag 01.08.06, 14.33 Uhr in Campina Grande, Computerzeit 19.33

Die Reise hat ihr vorläufiges Ende genommen, soweit der Weg das Ziel definiert. Das Ziel ist erreicht, gestern sind wir in Campina Grande angekommen. Zuhause für V, bekanntes aber vergessenes Territorium für G, ein Ort des Abenteuers für mich. Des erinnerten Abenteuers, um genau zu sein. Des ungewollten Abenteuers. Für einen wahren Abenteurer waren mir die Ängste stets zu präsent. Trotzdem verliefen meine Reisen meist abenteuerlich, oft aus naiver Fehleinschätzung und Fehlplanung heraus. Aus der Angst, Unnützes zu tun, wurde Verschleppung. Aus der Angst vor Verschwendung wurde Verschwendung. Geld zu sparen kostete ungeahnte Energien. Teilweise war das zwar unverzichtbare Notwendigkeit angesichts begrenzter Mittel, oft aber auch protestantisches Zwangsverhalten ohne Rücksicht auf das Selbst. Über São Paulo zu fliegen, statt direkt nach Recife konnte unter Umständen Geld sparen. Die Tickets waren trotz der längeren Strecke wegen der größeren Varietät der Fluggesellschaften, die diese Metropole im Süden anflogen, oft billiger. Drei Stunden zusätzlicher Überseeflug, ein meist mehrstündiger Aufenthalt auf dem Flughafen des Moloch und ein Binnenflug, der die Strecke von Recife nach São Paulo wieder in umgekehrter Richtung zurücklegte, waren der Preis; physische Anstrengung, bis zur Erschöpfung und darüber hinaus.

Am Abend des 29.07.2006, einem Samstag, kamen wir in Recife an, nicht aus Rio oder Sao Paulo diesmal, sondern über Lissabon, nach „nur" sieben Stunden Überseeflug. Seltsam sympathisch erschien mir diesmal das „Venedig" Brasiliens, dessen zahlreiche Kanäle leider immer noch mit Abwasser gefüllt waren, im dem keine Gondoliere Touristen umherfahrend ihr Geld verdienten. Am modernisierten Flughafen lag die neue Sympathie für die oft verfluchte Stadt sicher nicht. In den letzten Jahren wurde dieser an den internationalen Standard abgepasst: Glas, Metall, polierter Stein. Zuvor hatte er mit viel rohem Beton und braunem Kunstleder den etwas muffigen Charme der 70er Jahre versprüht. Aber dieses neue Ambiente aufzunehmen, dafür hatten wir weder Zeit noch Sinn. Als wir aus dem Flugzeug stiegen, wurde bereits Gupas Buggy für uns bereitgehalten, was uns große Hoffnung machte, auch unsere Koffer bereits jetzt wiederzusehen, was nicht bei jeder Ankunft der Fall gewesen war. Auch kamen Zweifel daran auf, da der Flug von Berlin nach München verspätet gewesen war und wir gerade eben Zeit hatten, durch die Gänge des Münchener Flughafens zu hasten und direkt in das bereitstehende Flugzeug zu steigen, das uns nach Lissabon bringen sollte. Sollten die Flughafenarbeiter es wirklich geschafft haben, in dieser Zeit unsere Koffer umzuladen? Schließlich hatte das selbst ohne Zeitdruck oft genug nicht funktioniert. Unser Blick schweifte über das Rollband, an dem sich die Passagiere drängten, um ihr Gepäck auf die bereitgestellten Wagen zu werfen.

Schon einige Male hatten wir hier gestanden, bis nur noch wir oder wenige andere Reisende außer uns warteten und als das Rollband stoppte, frustriert zur Kenntnis nahmen, dass ihre Koffer nicht mehr ankommen würden. Ein Gefühl der Hilflosigkeit vermischt mit Ärger und einem unberechtigten Hoffnungsschimmer, dass das Gepäck doch noch auftauchen würde. Diesmal standen unsere zwei Koffer, der eine 25, der andere knapp zwanzig Kilo schwer, bereits am Rand des Bandes, offensichtlich von Flughafenarbeitern dort deponiert, während wir an der Passkontrolle warteten.

Ich hatte meine Immigrationserklärung im Flugzeug ausgefüllt, V und Gupa blieb das durch ihren brasilianischen Pass erspart. Tourismus wurde als Grund der Einreise eingetragen. „Business", „Kongresse" oder „Andere" standen zur Auswahl. Die Flug- und Passnummer, Nationalität und Geburtsdatum mussten angegeben werden. Eine Zollerklärung, die für alle Familienmitglieder ausfüllt werden musste, fragte unter anderem nach zu verzollenden Alkoholika, Zigaretten, Medikamenten und Waffen. Alles wurde verneint, obwohl der Umfang der präventiv mitgebrachten Reiseapotheke Zweifel an der Richtigkeit dieser Antwort aufkommen ließ. Auch eine Flasche Himbeergeist für Tio Zé und zwei Flaschen deutschen Wein hatten wir dabei, was aber noch in den Grenzen der Einfuhrbestimmungen gelegen haben dürfte.

Zigaretten hatten wir angesichts meiner bereits mehr als dreimonatigen Abstinenz natürlich nicht dabei, was angesichts der in Brasilien viel niedrigeren Preise auch sinnlos gewesen wäre. Wir hatten uns für die Passkontrolle an der naturgemäß unübersichtlicheren Schlange für Nichtbrasilianer angestellt, wurden dann aber dank Gupas Anwesenheit zusammen mit den anderen Familien mit Kindern von einem Flughafenangestellten aussortiert und nach vorne gerufen. In Europa ist uns das noch nicht passiert. Dort werden nur die Passagiere der Businessclass nach bevorzugt behandelt, was sie schließlich auch teuer bezahlen. Mein Pass wurde gestempelt und alle durchgewinkt. Wie bereits erwähnt, standen unsere Koffer trotz dieser beschleunigten Abfertigung bereits bereit, was bei V Freude auslöste, bei mir die ungewohn-

13

te innere Ruhe bei der Ankunft in der Fremde verstärkte. Am Ausgang nahm der Zollbeamte unsere Negativerklärungen entgegen und winkte ebenfalls durch. Dabei lächelte er beim Blick auf die von uns eingereichten Zettel, wahrscheinlich war es ungewöhnlich, dass ich einen solchen für G ausgefüllt hatte, aber in der Ausfüllanleitung hatte gestanden, dass für Kinder bitte die Eltern das Ausfüllen übernehmen sollten. In deutscher Autoritätshörigkeit tat ich das natürlich, obwohl es tatsächlich wenig Sinn macht, im Namen eines Zweijährigen schriftlich zu erklären, dass er keine Waffen bei sich hat.

Vielleicht war es die Gewissheit, dass es diesmal kein Abenteuer durch Sparen geben würde, die meine innere Ruhe hervorrief. Die für den Flug investierte Summe von mehr als 4000 Euro machte solche Versuche zudem lächerlich. Ein kleines finanzielles Polster machte sie unnötig. Die innere Abgeklärtheit machte sie verzichtbar. So kehrte innere Gelassenheit ein. Kein Hin- und Herrennen, um mit dem billigsten Taxifahrer einen Festpreis zu verhandeln. Keine Suche nach dem billigsten Hotel. Keine Angst, die Kreditkarte könnte nicht funktionieren, denn eine zweite war im Gepäck, auch eine Bargeldreserve in Euro, die notfalls gegen horrende Gebühren in Real umgetauscht werden konnte, ohne dass man sich innerlich wie sonst so oft ausgeraubt fühlen würde: Man würde es als Entwicklungshilfe für das brasilianische Bankensystem betrachten, so wie die enormen Steuern auf den Flugtickets zur Modernisierung des Flughafens beigetragen haben könnten.

Der Automat der brasilianischen Citibank „Banco 24 Horas" spuckt kein Geld aus. Das lässt aber keine Zweifel an der Funktionsfähigkeit des Geldbeschaffungssystems Kreditkarte aufkommen, da es der Vorbenutzerin genauso ging. Außerdem hatte ich die Karte in Deutschland noch einmal getestet, auch wenn ich dafür Abhebungsgebühren bezahlen musste. Früher hätte mich das geärgert und wahrscheinlich hätte ich es deshalb nicht getan, was die innere Unruhe erhöht hätte. Tatsächlich hatte es sich gelohnt, denn in meinem Kopf war die Geheimzahl der vorhergehenden inzwischen abgelaufenen Kreditkarte gespeichert, die ich auch prompt dreimal eintippte, bis der Automat mir sagte, meine Karte sei jetzt gesperrt. Nach einer kleinen Verwirrung, die mich aus der Bank auf die Straße trieb, wurde mir der Irrtum klar und die neue Geheimzahl tauchte unvermittelt wieder in meinem Gedächtnis auf, trotzdem ich sie noch nie benutzt hatte, da ich mit der Kreditkartenbenutzung sehr konservativ umgehe, sie also zuhause in meiner Schublade aufbewahre und sie nur heraushole, wenn ein Auto angemietet werden soll bzw. in Brasilien Geld beschafft werden muss. Nachdem mir meine Nummer also wieder eingefallen war, ließ ich meine Karte von einer sehr freundlichen Angestellten der Sparda-Bank entsperren. Der folgende Test verlief erfolgreich.

So lasse ich mich nicht beeindrucken als der Automat der 24-Stunden-Bank mitten im „Kundendialog" – wie das elektronische Abfragen von Daten durch die Maschine jetzt heißt – die Kommunikation einstellt. Die innere Ruhe bleibt. Ein ersatzweise aufgesuchter Automat der HSBC zahlt maximal 750 Reais aus, etwa 300 Euro, das soll als erstes reichen. Ein Stapel 20-Real-Noten und ein Zehner erscheinen im Ausgabeschlitz. Die Zwanziger haben ein Hologrammband, auf dem ein glitzerndes Löwenkopfäffchen, das auch auf der Rückseite abgebildet ist, für die Echtheit birgt.

Diese Scheine waren bis zum letzten Besuch eher ungebräuchlich, meist zahlten die Automaten die braunen 50-Real-Noten aus, wenn man Glück hatte die roten Zehner, die praktischer waren, weil es schwierig war, kleinere Rechnungen oder Einkäufe mit den 50ern zu bezahlen. Aus Angst vor Überfällen hielt niemand ausreichendes Wechselgeld vor. Passierte es, dass man trotzdem mit einem 50er bezahlen musste, wurde meist ein Angestellter des Ladens losgeschickt, um den Schein zu wechseln, was einige Zeit in Anspruch nehmen konnte.

Mit den 20ern sind wir also gut ausgerüstet. Wir nehmen eines der Taxis der Flughafenkooperative, die zwar etwas teurer sind als die normalen Taxis, dafür aber Festpreise haben und die Fahrgäste somit sicher vor manipulierten Taxametern und Extratouren zur Fahrpreiserhöhung sind. 17 Reais kostet die Tour zum Hotel Aconchego, zu dem einen die Taxifahrer immer bringen, weil sie dort an der Rezeption ein paar Reais für das Absetzen der Hotelgäste bekommen. Dass diese versteckt auf den Zimmerpreis aufgeschlagen werden, lässt uns angesichts der neuen Gelassenheit kalt. Im Gegenteil winke ich ab, als der Fahrer das Wechselgeld auf den 20er herauskramen will. Er fragt uns, ob wir schon reserviert haben, freut sich sichtlich als wir verneinen und sprintet dann zur Rezeption, während wir im Auto warten, angeblich um zu sehen, ob es noch Plätze gibt, in Wirklichkeit holt er sich sein Provision dafür ab, dass er uns hergebracht hat.

Er trinkt noch einen Cafezinho, was auch mit in der Provision enthalten zu sein scheint, denn alle Taxifahrer die uns hierher bringen, haben diese Angewohnheit. Er lässt sich eine Visitenkarte des Hotels geben, streicht den Namen durch und schreibt den seinen hinein, nachdem er auch die Telefonnummer getilgt hat, ersetzt er sie ebenfalls durch die seinige.

Aufgrund des dadurch entstehenden Platz-
mangels wird die Sache etwas unleserlich,
weshalb er auf der leeren Rückseite der Karte
nochmals seine Daten notiert. Er gibt uns die
so entworfene und produzierte sehr persönliche Visitenkarte für den Fall mit, dass wir
uns für sein Angebot entscheiden, uns später
für 200 Reais, etwa 70 Euro, nach Campina
zu fahren.

Freitag, 4. August 2006, 12.32 Uhr, Computerzeit 17.32

Ich liege in unsrem improvisierten Bett und
höre Leonard Cohens „The Future", eines der
Alben, das ich schon bei meinem ersten längeren Aufenthalt in Campina dabeihatte, damals noch auf Kassette, diesmal auf die Fest-
platte des Computers überspielt. Nur wenige
Alben hatte ich damals – im Gegensatz zu
jetzt - mitgebracht, ich weiß nicht mehr genau, ob des Vorsatzes, mich möglichst vorbe-
haltlos auf die brasilianische Kultur einzulas-
sen, oder aus Faulheit, weitere CDs auf Kas-

sette zu bannen. Ich hatte zunächst nur meinen Walkman dabei, um mich auch im Flugzeug und auf den Busreisen beschallen zu können, später kaufte ich mir im Zentrum von Campina einen Recorder der brasilianischen Firma CCE, die wie ich später erfuhr nicht gerade für Qualität birgt und von den Brasilianern mit „**C**omeçou **C**omprando **E**rrado" verballhornt wird, etwa „Von Beginn an falsch gekauft". So ging es mir dann auch, die Klangqualität war unterirdisch und ein Kassettendeck löste sich alsbald vom Rest des Apparates, zum Glück hatte er derer zwei. Hohe Einfuhrzölle auf elektronische Artikel machten ausländische Markengeräte teuer, um die einheimische Produktion zu schützen, jetzt wusste ich auch warum das nötig war.

Nach dem Kauf des Gerätes kam ich mit dem Karton unter dem Arm an einem fliegenden Händler vorbei, der mich mit schelmischem Lächeln zu meinem Kauf beglückwünschte und mir passende Kassetten mit raubkopierter brasilianischer Musik anbot. Da ich mich möglichst vollständig auf die brasilianische Kultur einlassen wollte, schlug ich zu, obwohl sich mein Musikgeschmack eigentlich auf wenige Künstler beschränkte, man bei mir was Musik betraf also nicht von ausgeprägter Experimentierfreudigkeit sprechen konnte. Das Grinsen des Verkäufers verstand ich beim Klangtest meines CCE und der qualitativ dazu passenden Kassetten. „Qualitativ" bezieht sich bei letzterem sowohl auf die Klangqualität der Aufnahme, als auch auf die musikalische Qualität der Künstler, soweit ich das beurteilen kann. Erinnern kann ich mich noch an die „Magnificos", einen Schalger-Forró, den ich später beim São João (Forró-Fest) im Parque do Povo (Festplatz von Campina Grande) live erleben durfte, als diese Campinenser Band ihre Heimatstadt mit einem Auftritt beehrte.

Damit hatte ich die Ausstattung für mein „Musikzimmer" im Wohnkomplex „Nenzinha Cunha Lima" erworben, das zunächst eigentlich der Kolumbianer Jorge Lambulay als mein Mitbewohner anmieten wollte, der dann aber einen Rückzieher machte. Das lag hauptsächlich an der Größe des Raumes (etwa 5-6 Quadratmeter) und des Fensters von (etwa ein halber Quadratmeter), das sich nur nach außen anklappen ließ und damit ausschließlich durch einen kleinen Schlitz und unter Kopfverrenken einen Blick nach außen erlaubte, ansonsten bestand es aus einem Aluminiumrahmen mit undurchsichtigen Reliefglas. Ich hatte mir im Übrigen nicht etwa das bessere Zimmer ausgesucht, da beide identisch waren. Trotzdem konnte ich Jorges Entscheidung nachvollziehen. So kam ich also zu meinem Musikzimmer, das mit einem Tischchen ausgestattet war, welches den Kassettenrecorder beherbergte und ansonsten nur mit einer Hängematte, in der liegend ich vorzugsweise Leonard Cohen und David Bowie hörte.

Ansonsten bestand die Wohnung aus der Sala, der guten Stube, in der ein Glastisch und ein paar ebenfalls aus schwarzem Vierkantstahl gefertigte Stühle standen. Es gab auch eine Küche mit Kühlschrank und einem Gasherd, der mit den üblichen Botijões - zwanzig Kilo fassenden Propangas"flaschen" - betrieben wurde. Aus einem Wasserspender mit einem 20-Liter-Garrafão (in Deutschland nicht existente Vergrößerungsform von Flasche, also das Gegenteil von Fläschchen) zapfte ich brasilianisches Quellwasser von zweifelhafter Qualität. Ich hatte mich bereits an die Wegwerfmentalität der Brasilianer gewöhnt, als das Wasser zuende ging und kaufte mir deshalb keinen Eimer für meine Wäsche, sondern schnitt den oberen Rand des Garrafão ab und gab ihm so einen neuen Sinn, ein zweites Leben als Einweichgefäß. Auf diese Idee war ich sehr stolz, bis ich merkte, dass man mir beim Kauf eines neues Garrafão etwa zehn Dollar Pfand berechnete, eine Summe, für die ich einige richtige Eimer hätte erwerben können.

Auch ein Bad war in dieser Wohnung vorhanden, darin eine Dusche, die nur kaltes Wasser ausspie und deren Duschkopf fest installiert war, auf einer Höhe, zu der ich mich herunterbücken musste, während ich ansonsten mit dem Kopf auf Deckenhöhe rangierte, da eine Stufe zur Duschecke hinaufführte, unter der wahrscheinlich die Installationen verlegt waren. Besonders ungünstig wirkte sich die bei Trockenheit übliche Rationierung von

Wasser aus, da es hier nicht wie sonst überall üblich einen Wasserbehälter „Caixa da Agua" auf dem Dach gab, der sich automatisch füllte und so auch die Wasserversorgung sicherte, wenn der Bürgermeister Sparsamkeit verordnete. Da ich aufgrund meiner fehlenden Portugiesischkenntnisse und eines Fernsehapparates von solchen Aktionen im Vorfeld nichts erfuhr, trafen sie mich besonders hart, denn ich konnte nicht einmal meinen teuer selbsthergestellten Eimer als Notreserve füllen. So trifft die Rationierung nur die Ahnungs- und die Mittellosen, die sich keine Wasserreserve auf dem Dach leisten können. Letztere sind wirklich nur die ärmsten der Armen, denn selbst auf den unverputzten Backsteinhütten der Favelas thronen meist „Caixas da agua", trotzdem scheint das tageweise Abstellen des Wassers Einsparungen zu erbringen, zumindest werden sie bei Wasserknappheit regelmäßig angewandt, vielleicht sind sie aber auch nur ein Ritual, das von den Verantwortlichen zelebriert wird, um der Hilflosigkeit gegenüber der Trockenheit nicht mit völliger Tatenlosigkeit entgegenzutreten.

(Computerzeit 19.12; Inzwischen ist das Mittagessen eingenommen, es bestand wie immer aus Rindfleisch, braunen Bohnen, Reis, Nudeln und gekochtem Kürbis.)

Diesmal gibt es keine Trockenheit, im Nordosten regnet es seit Wochen und den per E-Mail eingehenden Berichten aus Campina war zu entnehmen, dass die Bewohner bereits grün und blau gefroren waren durch die ungewohnte Kälte, die der Dauerregen mit sich gebracht hatte. Wir hatten also Schirme und Pullover eingepackt, um mutig den Widrigkeiten des brasilianischen Winters gegenüberzutreten. Tatsächlich würden wir uns umstellen müssen, denn seit zwei Monaten hatten in Deutschland fast durchgehend 30 Grad geherrscht, während der kalte Winter von Campina Grande tagsüber nur Höchstwerte von 25 Grad erlaubte und nachts mit Kältewellen bis zu 17 Grad schockierte, indessen in Berlin in den letzten Nächten vor unserer Abreise das Thermometer nicht mehr unter 22 Grad gesunken war.

Mit Ausnahme der Nacht unserer Abreise selbst. Als wir am 29.07.06 aufwachten, regnete es seit mehreren Wochen das erste Mal wieder in nennenswerter Weise. „Der Himmel weint ob unserer Abreise", gab ich zum Besten, für den entgegengesetzten Fall hätte ich den ebenfalls von Oma Dornbach überlieferten Spruch „Wenn Engel reisen, lacht der Himmel." parat gehabt. Diese Variante hätte ich eindeutig präferiert, als wir nach sorgfältigem Abstellen von Energie und Wasser die Wohnung verschlossen hatten und das Haus verließen. Es regnete nämlich immer noch und auf dem Weg zur S-Bahn weichte ich vollständig durch, da ich während V Gs Buggy schob und mit dem überdimensionalen „Handgepäck" behängt war, zwei Koffer hinter mir herzuschleppen hatte. Da war keine Hand mehr frei für den Schirm. Die Ringbahn brachte uns zur Jungfernheide, wo wir uns wie immer auf der Suche nach der Bushaltestelle verliefen. Wenigstens hatte es aufgehört zu regnen und schließlich brachte uns der mit Koffern überfüllte Bus 109 zum Flughafen Tegel. Obwohl wir um halb 9 Uhr dort ankamen, gab es bereits eine riesige Schlange am Schalter für den Flug der Lufthansa nach München, der um 9.40 Uhr abheben sollte. Die Wartenden bewegten sich nur schleppend vorwärts, was wie wir später bemerkten, daran lag, dass nur zwei der Abfertigungsschalter geöffnet waren.

Ich nutzte die Gelegenheit und brachte den Brief an Christian zur Poststelle, den ich tags zuvor geschrieben hatte und dem ich Vs Monatskarte beilegte, die nach voraussichtlicher Ankunft noch 10 Tage gültig sein würde. Bei den derzeitigen Nahverkehrspreisen immerhin ein Gegenwert von mehr als 20 Euro bezogen auf die Monatskarte, in Tageskarten 57 Euro.

Als wir endlich an der Reihe sind, ist die geplante Abflugzeit fast erreicht. Wir müssen Gs Buggy am „Sondergepäckschalter" abgeben, was V übernimmt, während unsere Plätze für die kommenden Flüge reserviert werden. Als G den Verlust seines Buggy und seiner Mama realisiert, beginnt er herzerweichend zu weinen, was eine ganze Weile anhält, denn der Sperrgepäckschalter befindet sich am anderen Ende und auf einer anderen Etage des Flughafens, zusätzlich muss man sich dort erneut anstellen, wie mir V nach ihrer Rückkehr berichtet. Wir gehen durch die Gepäckkontrolle, wie immer wird V im Gegensatz zu mir gründlich durchsucht, nur den Computer muss ich extra aufs Band legen, das in den Röntgenapparat führt.

Von der Kontrolle geht es direkt ins Flugzeug, der Abflug lässt allerdings noch auf sich warten, da immer noch Passagiere einchecken. G klappt den am Vordersitz befestigten „Tisch" ein paar Mal runter und hoch, wobei die vor ihm sitzende ca. 60jährige mit rundtoupierten blondgefärbten Haaren bereits empört nach hinten sieht und schließlich affektiert fragt „Was ist denn das?" „Ein Kind.", bekommt sie daraufhin von mir zu hören. Auf das darauffolgende zeternde „Aber das muss doch nicht sein...", winke ich bloß ab und schiebe meine FAZ hoch. Als G ein paar Minuten später etwas quengelt, setzt sie sich auf einen freigebliebenen Platz ein paar Reihen weiter nach vorne. Auf dem Gang der Ankunftshalle des Münchner Flughafens höre ich sie zu ihren für ihr Alter ähnlich unpassend aussehenden Begleiterinnen sagen: „Also da war ein Kind...es war unerträglich.", woraufhin ich demonstrativ laut lache - was bei mir als natürliche Reaktion selten vorkommt - und die gewünschten bösen Blicke prompt bekomme. Der Flug hatte 50 Minuten gedauert.

Durch die Verspätung ist unser Anschluss etwas knapp, wir hetzen durch die endlosen Gänge und erreichen das Boarding der Lufthansamaschine nach Lissabon, wo wir einige Stunden später etwas unsanft aufsetzen. Hier haben wir trotz Verspätung noch eine Stunde Zeit, die wir in der Abflughalle verbringen. Zuvor passieren wir die Passkontrolle, an der uns niemand nach vorne winkt. Auch am Eingang zum Flugzeug werden unsere Pässe noch mal mit den Tickets verglichen, weshalb sich die Prozedur etwas hinzieht.

Sieben Stunden sind wir über dem Meer. G ist relativ ruhig und freundet sich mit zwei hinter uns sitzenden Deutsch-Brasilianern an die allerdings älter sind als er und deshalb weniger Interesse an ihm zeigen, als er an ihnen. Die Stewardess der TAP Air Portugal ist betont oberlehrerhaft bis hin zur Unfreundlichkeit, speziell zu unserer Sitzreihe. Wenn sie jung sind, träumen sie noch von eigenen Kindern und stecken denen in der Kabine Spielzeug und Süßigkeiten zu. Ab 40 wird das Verhältnis etwas distanzierter, ab der 50 haben sie dann wie unsere „Flugbegleiterin" erkannt, dass sie nie zu eigenen Kindern kommen und stattdessen ihr Restleben als einsame Kellnerinnen der Lüfte verbringen werden. Wenn sie Glück haben und die Fluggesellschaft nicht pleite geht - wie zuletzt die brasilianische VARIG, die gerade ihre Angestellten entlässt - und ihnen die anderen Fluggesellschaften erklären, dass sie nun auch für diesen Job zu alt sind. Dementsprechend rächen sie sich durch Spitzfindigkeiten und Sticheleien an den Passagieren. Allerdings ist der betont schwule Kollege unserer Stewardess auch nicht freundlicher. Auch das Flugzeug hat seine besten Zeiten hinter sich. Wahrscheinlich haben die beiden Ihr gesamtes Berufsleben in dieser Maschine zugebracht. Alte Sitze, die noch unbequemer sind als normal, rundliche Röhrenbildschirme, schmutzig-weiße gezackte Rädchen mit eingravierten Zahlen zur Auswahl der Radioprogramme und Regelung der Lautstärke, alles sieht irgendwie abgegriffen aus.

Bei der Landung schläft G bereits. Als wir sicher aufgesetzt haben, brandet wie üblich Applaus in der Kabine auf und G klatscht ohne die Augen zu öffnen mit, während V und ich uns dezent zurückhalten. G müssen wir jetzt leider aufwecken, er schläft tief und fest, denn in Deutschland ist es bereits 01.00 Uhr, hier ging gerade die Abendsonne unter. Romantische Sonnenuntergänge sind in Brasilien selten, da das Meer an der Ostseite angebracht ist. Junge Brasilianer gleichen das damit aus, dass sie die ganze Nacht durchmachen und dann zum Meer gehen und den Sonnenaufgang beobachten. Leider schien das auch eine Gruppe, die mit uns im Hotel Aconchego untergebracht war, vorzuhaben. Die ganze Nacht saßen sie im neuen hoteleigenen Restaurant „Maracajú" und sangen zunehmend schlechter.

(Computerzeit 23.38 inzwischen ist V vom Friseur zurückgekehrt „Nur hier können sie mit meinen Haaren umgehen.", wir sind mit Gupa „Ata ata" gegangen, ein paar Mal um den Block und haben zu Abend gegessen – Inhame - eine mehlige Wurzel - mit Rindfleisch)

Maracajú ist ein Mischwort aus den Früchten Maracuja und Cajú letztere in Deutschland nur durch ihre Nüsse („Cashew") bekannt. Gleichzeitig ist der Name angelehnt an den regionalen Musikstil Maracatú, wie mir der Barmann verriet, bei dem wir diesen Abend nur noch ein Bier und eine Portion Coxinhas (Hühnerklein, das durch einen Teigmantel wieder zur Form eines Hühnerschenkels zusammengeformt und frittiert wurde) bestellten und uns dann ins Bett begaben. Die Klimaanlage in unsrem einfachen Zimmer rasselte ohrenbetäubend, weshalb wir sie ausstellten, als eine einigermaßen erträgliche Temperatur erreicht war. (Bei unserer Ankunft herrschten laut Ansage des Flugkapitäns winterliche 29 Grad).

Als ich zum wiederholten Mal vom Gesang der Maracajú-Gäste aufwache, hat sich das Zimmer wieder aufgeheizt, ich schalte die Klimaanlage wieder ein, was den positiven Nebeneffekt hat, dass die Sänger nicht mehr zu hören sind. Da in Brasilien der Tatbestand der Ruhestörung nicht existiert, wäre es auch sinnlos gewesen, die 9 zu wählen und sich bei der Rezeption zu beschweren. Wo das Auto auch ohne Auspuff fährt und man ausgiebig auf die Hupe drückt, statt auszusteigen und zu klingeln, kann laute Musik kein Grund zur Aufregung sein, das würde nur auf Unverständnis stoßen.

Die Klimaanlage produziert einen gleichmäßigen Lärm, an den man sich gewöhnt, während man von den jaulenden Höhen der Gesangsgruppe an den emotionalsten Stellen ihrer Lagerfeuerlieder ständig aus dem Bett hochschreckt. Um 05.45 Uhr Ortszeit wachen wir wieder auf. Ich rufe meine Eltern an, die sich sehr erleichtert zeigen, dass wir gut angekommen sind. Auch hier telefoniere ich im Sinne des Neue-Gelassenheit-Programms direkt vom Zimmer aus, obwohl die Hotelaufschläge meist horrend sind. Aber mindestens zwei Aktivitäten, die ich mir damit erspare, sind es mir wert: Eine Telefonkarte besorgen zu müssen, die unter Umständen bereits leer ist, wenn sie über den Ladentisch geht und dann von einem Orelhão (die Vergrößerungsform von Ohr, was der Form der Überdachung der Telefonapparate entspricht) aus zu telefonieren, die meist an der Kreuzung von Hauptsraßen angebracht sind, wo man wenn es grün wird sein eigenes Wort nicht mehr versteht, geschweige denn das aus dem fernen Deutschland.

Wir gehen zum Frühstück, das schon aufgebaut ist, obwohl es laut Aushang erst um 06.30 Uhr beginnt. Außer uns sind nur die Sänger dort, die aus einem Gitarrenspieler und einer Gruppe Mädchen bestehen, die ihn offensichtlich anhimmeln. Den Sonnenaufgang haben sie verpasst, denn es ist bereits hell, die Mädels konnten sich wohl nicht einigen, welche von ihnen ins Bett zu gehen hatten, um eine der Ihren mit dem Gitarrero alleine zu lassen, mit der er hätte das Strandpanorama genießen können.

Es gibt ein Buffet mit den üblichen Küchchen und Keksen, die beim brasilianischen Frühstück nicht fehlen dürfen, aber zu meiner Freude auch mit herzhaften Sachen. Da sind Macaxeira (Maniokwurzel), Carne de Charque (getrocknete Würfel, angeblich aus Esel- oder Pferdefleisch, zur Zubereitung ausgiebig gewässert und mit Zwiebeln gebraten), Cuscuz (zu einem salzigen Kuchen gekochte Maisflocken mit Butter, Käse oder Ei) und sogar Pizza. Dazu trinken wir Maracuja- und Guavensaft.

(Samstag, 5. August 2006, Computerzeit 18.52)

Zwei Blocks weiter wartet das Meer auf uns. Zuvor entdeckt G aber Tatu Banana. Es handelt sich um einen kleinen Affen, der in einem Käfig auf dem Hotelgelände gehalten wird. Es gibt hier relativ viel Platz für diese Gegend, die geprägt ist von um die 20 Stockwerke hohen Häusern mit großen Mauern und einem Pförtner in einer Kabine aus - wahrscheinlich schusssicherem - Spiegelglas. Die Gebäude des Hotels sind hingegen nur zwei- bis dreistöckig und lassen Platz für sie überragende Bäume, Sträucher, Palmen und Topfpflanzen. Und den Affenkäfig. G hat auf seinen Windeln einen aufgedruckten Affen, der eine Banane in der Hand hält. Affe heißt auf portugiesisch Macaco. Da G eine Abneigung gegen mehr als dreisilbige Worte hegt, kürzt er meist alles, was vor den letzten beiden Silben kommt, ein. Aus seiner Kindergartenerzieherin Viola wird Ola, aus Bianca Anka, aus seinem Mitschüler Jonathan wird Tatan, aus Buraco na Camisa wird Batu Misa und aus dem gehörten „Makaku" würde Kaku, wenn er nicht zusätzlich „K" gegen „T" tauschen würde. So wird aus Kaku Tatu. Noch vor einiger Zeit tauschte G das „K" noch gegen „P". „Mitpommen!" war eines seiner Lieblingsworte, jetzt heißt es „Mittommen!", was sich schon besser anhört. Banana ist eines der wenigen Worte, das der Kürzung nicht zum Opfer fällt, wahrscheinlich, weil es so schön gleichmäßig mit Vokalen bestückt ist. Der Hotelaffe wird also parallel zur Windelverzierung „Tatu Banana" getauft. Vor dessen Käfig verbringt G viel Zeit, indem er den Bewohner beobachtet und seine Bewegungen und Laute mit einem vorangestellten „Na so:..." imitiert. Das Wort „Nachäffen" muss aus einer ähnlichen Situation entstanden sein.

Als wir dann doch noch zum Strand kommen, stellen wir fest, dass sich ein zweites Maspalomas entwickelt hat, nur nicht so geordnet wie an diesem Kanarischen Strand. Die gesamte Sandfläche ist von Sonnenschirm- und Liegenvermietern okkupiert worden, die hier gleichzeitig Barbetreiber sind. Auch wir werden gleich von mehreren Seiten bedrängt, uns doch einen Platz im Schatten zu sichern, wir lehnen aber freundlich ab. Während im Maspalomas noch etwas Platz zwischen Wasser und Schirmaufbau gelassen wird, ist das hier nicht der Fall. Wir breiten unser Handtuch direkt am Wasser aus, was misstrauisch beäugt wird.

G zieht sich sofort die Hose herunter, als wir Wassernähe erreichen. Mit dem T-Shirt hat er noch etwas Schwierigkeiten. An Vs Hand zieht er sie in die Fluten, tatsächlich sind die Wellen stark und Vs Short ist bald nass, wir hatte uns nicht auf Baden eingerichtet, sondern eher einen kleinen Strandspaziergang, was angesichts Gs Anwesenheit natürlich utopisch war. Auch ich muss nach einer Weile mit ins Wasser und weiche entsprechend durch inklusive der 20-Real-Scheine, die ich in der Hosentasche habe. „Oh! Großer!" freut sich G, wenn eine höhere Welle auf uns zukommt. Da hilft auch das Hüpfen nicht mehr, auch das T-Shirt bekommt einen nassen Rand. Aber bei der Hitze, die bereits herrscht, macht mir das nichts aus. Als wir G nach einiger Zeit überredet haben, loszugehen, wird an der Stelle, an der unser Handtuch gelegen hatte, sofort ein Sonnenschirm aufgestellt.

Wir gehen ins Einkaufszentrum Hiper Bompreço, das jetzt den Untertitel Wal Mart Brasil trägt, also anscheinend von dieser amerikanischen Kette aufgekauft wurde, während in Deutschland gerade das umgekehrte passierte: Wal Mart gab seine Einkaufsparadiese auf, die nun von der ebenfalls defizitären deutschen Kette Real übernommen werden sollen.

Obwohl Sonntag ist, herrscht hier reger Betrieb. Das ist für uns in dieser Situation sehr praktisch, da wir gestern Abend angekommen sind und noch ein paar Sachen benötigen. Als alter Gewerkschafter denke ich aber an die armen Verkäuferinnen und lehne dieses Modell der unbegrenzten Ladenöffnungszeiten für Deutschland ab. Außerdem verursachen mir Einkäufe psychischen Stress und ich bin froh, wenigstens einen Tag in der Woche zu haben, an dem es ausgeschlossen ist, diesem ausgesetzt zu werden.

Wir kaufen Sandalen für G und V, Getränke und Windeln für G. Es stellt sich beim Anprobieren letzterer heraus, dass ihm hier auch die größte Größe seiner Stammmarke „Pampers" noch zu klein ist. Außerdem ist die Qualität sichtlich und merklich schlechter, während der Preis beim derzeitigen Umtauschkurs sogar höher liegt als in Deutschland! Später bekommen wir von Vs Tante Windeln der gleichen Marke, die schon eine Zeit lang lagern und stellen fest, dass sie früher trotz gleicher Größenangabe wesentlich größer waren. Noch später erfahren wir, dass es hier Gesetz ist, dass wenn der Inhalt der Packung eines Produkts verkleinert wird, dies deutlich auf der Verpackung gekennzeichnet werden muss, sogar mit einer Prozentangabe, wie viel weniger Produkt sich jetzt in der Verpackung befindet. Damit soll vermieden werden, dass Preiserhöhungen verschleiert werden, indem einfach weniger Windeln in der gleichen Packung für den gleichen Preis verkauft werden, wie es auch in Deutschland gängige Praxis ist. Pampers hat diese Kennzeichnungspflicht nun offensichtlich umgangen, indem man statt die Stückzahl der Windeln zu verringern – was kennzeichnungspflichtig gewesen wäre - den Materialaufwand dadurch reduzierte, dass man die Größe der Windeln änderte. Das fällt ja normalerweise auch weniger auf, da das Kind ja wächst und die Windelgröße ohnehin öfter gewechselt werden muss.

Eigentlich wollten wir G hier in Brasilien von den Gummihosen entwöhnen, aber wir verschieben das auf die Ankunft in Campina, da wir hier keine Gelegenheit haben, die dadurch produzierten nassen Hosen zu waschen. Im

Kindergarten hatte er den ersten Tag seiner Entwöhnung ohne nasse Hosen durchgehalten und verkündete, als ich ihn abholte mehrmals stolz „Gupa keine Windel mehr." Auf der Hälfte des Weges bahnte sich die angestaute Flüssigkeit ihren Weg und es hieß „Gupa Windel doch!". Motivationsversuche nach dem Motto: „Guck mal: Timon hat schon keine Windel mehr um, Emma auch nicht..." wurden ebenfalls mit „Gupa Windel doch!" beantwortet. Als Abwehrreaktion gegen diese Angriffe auf das Selbstwertgefühl entwickelte er einen regelrechten Stolz, Windelträger zu sein, der weitere Entziehungskuren erschwerte.

Wir kaufen die aktuelle „Veja", den brasilianischen „Spiegel", die gerade einen Skandal um die Finanzierung von medizinischem Gerät und Krankenwagen aufgedeckt hatte, in den mehr als 100 Parlamentarier verstrickt zu sein scheinen. Sanguesugas wurde diese Mafia genannt „Die Blutegel". Solche Skandale bis in die höchsten Ebenen der Politik hinein sind hier keine Seltenheit, während in Deutschland in der ganz großen Politik mehr um die Finanzierung der Parteien und ihrer Wahlkämpfe herum solche Sümpfe aufgedeckt werden. Die persönliche Bereicherung bewegt sich dabei selten in Dimensionen, die über Gysis privaten Gebrauch dienstlich erworbener „Bonusmeilen" und Scharpings Ausstattung mit Edelklamotten hinausgehen. Die große Bereicherung spielt sich auf unteren Ebenen ab, wo wie in Berlin die Landesbank gedrängt wird, Garantien beim Kauf von Immobilien zu geben, die das Bundesland in den finanziellen Ruin treiben und einige wenige Käufer und Immobilienhändler reich machen. Auch diese regionale Korruption dürfte hier in Brasilien ein größeres Ausmaß haben, als in Deutschland.

Zudem ist die Strafverfolgung hier nahezu unmöglich. Die parlamentarische Immunität gilt nicht nur für politische Handlungen, sondern generell. Die regionale Oligarchie in Campina wird angeführt von den Cunha Limas. Cassio Cunha Lima war jahrelang Bürgermeister von Campina, davor dessen Vater Ronaldo, davor dessen Vater. Jetzt ist Cassio Gouverneur des Bundesstaates Paraíba, in dem Campina liegt. Ronaldo war nach seiner Zeit als Bürgermeister ebenfalls Gouverneur des Bundesstaates und ist jetzt seit langem Abgeordneter und somit immun gegen die Strafverfolgung. Vor Jahren schoss er mit einem Revolver im Vollrausch einem politischen Konkurrenten ins Gesicht, der sich negativ über ihn geäußert hatte. Bis heute gab es keinen Prozess gegen Cunha Lima, da er immer wieder als Abgeordneter gewählt wird und immun gegen jegliche Strafverfolgung bleibt. Viel Geld steckt in den Wahlkämpfen, die Wahlpflicht führt aus meiner Sicht unter anderem dazu, dass auch Personen wählen gehen, die sich ihrer Wahl wenig bewusst sind und sich von demjenigen Kandidaten überzeugen lassen, der ihnen ein T-Shirt oder Basecap geschenkt oder die beste Band für seine Wahlfeier engagiert hat. Solche materielle Beeinflussung der Wählergunst ist allerdings vor kurzem von der Regierung Lula verboten worden.

Auch jetzt fahren wieder die Lautsprecherwagen durch alle Straßen und preisen die verschiedenen Kandidaten für die Wahlen im

Oktober an. Jeder Kandidat hat seinen eigenen Werbejingle, der den potentiellen Wählern den Namen und die Listennummer des jeweiligen Kandidaten mit rhythmischer Untermalung in ohrenbetäubender Lautstärke ins Gehirn zu hämmern versucht. An den Kreuzungen stehen Wahlhelfer mit Fahnen der Kandidaten und verteilen Zettel mit Foto, Name und Listennummer – sonst nichts - des Kandidaten an die stehenden Autofahrer.

Zum Mittagsschlaf kehren wir zurück in unser Zimmer und schmeißen die ratternde Klimaanlage an. Der Mülleimer steht im Bad und als Gupa seine eben gewechselte Windel selbst wegschmeißen will, sagen wir ihm, er solle das auf dem Klo machen. Später sehe ich, dass er sie direkt in die Kloschüssel geschmissen hat. Zum Glück ist er nicht an den Spülknopf gekommen, zuhause schafft er das nämlich, allerdings hat er dort noch keine Windeln hineingeworfen, sondern immer nur seine benutzten Taschentücher. Eine volle Windel würden beide Toiletten wohl nicht vertragen, wobei die brasilianischen um einiges schwächer zu sein scheinen. Bei meiner ersten Bekanntschaft mit einer solchen in der Sprachschule „Casa do Brasil" in Salvador wunderte ich mich, warum da stand, man solle kein Papier in die Toilette werfen. Ich dachte, wer kommt denn auch auf eine solche Idee und stellte mir vor, wie jemand sein Vokabelheft in der Kloschüssel entsorgt. Wenig später ging mir auf, dass damit das benutzte Toilettenpapier gemeint war.

Bei meiner Gastgeberin warf ich das Klopapier aber trotzdem in die Schüssel, weil ich dachte, das wäre eine Besonderheit der Toilette der Sprachschule. Auch machte das brasilianische Toilettenpapier den Eindruck, als wäre es für die Entsorgung in verstopfungsanfälligen Abwasserkanälen produziert worden: Eine Lage hauchdünnen – fast durchsichtigen – Zellstoffs, der sich bei jeder Berührung mit Feuchtigkeit bestens auflöst. Dass das Papierverbot dennoch für alle brasilianischen Toiletten galt, bemerkte ich erst später. Erst einmal ist mir eine Ausnahme begegnet. Bei der Modernisierung des Flughafens von Recife hatte man offensichtlich gerade neue papierkompatible Toiletten eingebaut und deshalb keine Eimer für das benutzte Papier mehr aufgestellt – zumindest auf der Herrentoilette. Augenscheinlich hatten daraufhin die Klobenutzer ihr Papier auf den Boden geworfen, woraufhin Schilder anbracht wurden, welche die gegenteilige Aussage derer in Salvador enthielten: „Bitte das Papier in die Kloschüssel werfen!".

Den Nachmittag des Sonntags in Recife verbringen wir weitgehend im Hotel. Für den Strand ist es uns zunächst zu heiß und für größere Unternehmungen sind wir noch zu erschöpft von der Reise. V sagt ihrer Mutter bescheid, dass wir morgen ankommen würden und betont dabei, dass wir ein Taxi nähmen und sie nicht zum Busbahnhof kommen bräuchten, was beim letzten Mal passiert war, obwohl wir da ebenfalls mit dem Taxi angekommen waren, wodurch wir zum Empfangskomitee der Familie in ihrem eigenen Haus wurden. Auch dem Taxifahrer wird telefonisch bescheidgegeben, dass wir sein Angebot annehmen würden. Wir gehen noch im Glutão, einem einfachen „Selfservice-Restaurant" essen, das sich einen Block weiter in richtung

Meer befindet. Angesichts der fortgeschrittenen Stunde ist das Essen schon etwas angetrocknet, das hier in Buffetform warmgehalten und nach Gewicht bezahlt wird. Aber trotzdem hebt sich das Ambiente angenehm von den in dieser Gegend vorherrschenden Nobelrestaurants ab.

Angesichts der Hitze ziehen wir uns ins Aconchego zurück. Wir sehen uns noch ein paar Mal Tatu Banana an und gehen als die Sonne tiefer steht noch einmal an den Strand. Die Schirme und Stühle sind weitgehend abgebaut, was bleibt ist eine Müllhalde. Plastikbecher, ausgetrunkene Kokosnüsse, Plastiktüten, benutzte Windeln liegen herum. Die einsetzende Flut zieht einen Teil dieser Hinterlassenschaften ins Wasser. G macht sich einen Spaß daraus, die Kokosnüsse, die noch im Sand liegen ins Wasser zu werfen und zuzusehen, wie sie von den Wellen ins Meer gezogen und wieder im Sand abgelegt werden. Kaum zu glauben, dass das Wasser heute morgen sauber war. Anscheinend wird der Müll nachts hinausgetrieben oder von der Ebbe wieder am Strand abgelegt, der jede

Nacht mit Spezialfahrzeugen gereinigt wird, die den Sand gründlich durchkämmen.

Wir gehen zurück ins Hotel, wo ich auf der herrlich luftigen Terrasse über dem Maracajú mit G Snooker spiele. Dabei schiebt er sein Queue seitlich über den Tisch, um die Bälle in die Taschen zu befördern. Ich versuche es auf die konventionelle Art und scheitere, da sämtliche Pomeranzen kaputt sind und man mit dem blanken Holz spielen müsste. So erlebt man es in Brasilien leider oft, dass solch teure Anschaffungen wie ein – wenn auch verhältnismäßig kleiner – Snookertisch durch fehlende Wartung oder Pflege unansehnlich oder wie in diesem Fall gänzlich unbrauchbar werden. Wir (V und ich) trinken ein paar Caipirinhas, lesen uns in die aktuellen Ereignisse des Landes ein und sitzen in einem riesigen bequemen Rattansofa. G trinkt einen starken Maracuja-Saft und wird davon umgehend müde. Während er bereits in seinem Kinderbett schläft, in das er gerade noch so hineinpasst, sehen wir noch etwas fern und lassen uns Antarctica, das brasilianische Bier schmecken, das zwar schwach aber nicht unangenehm ist uns schlafen darüber ein.

Um 11 Uhr des Montag Vormittag sind wir mit dem Taxifahrer verabredet. Wir sind wieder früh wach. Noch einmal genießen wir das ausgiebige Frühstück, diesmal ist es bereits voll im Frühstücksbereich. Eine Gruppe, die irgendein Rennen besucht hatte, reist offensichtlich früh ab. Sie sind in ihrer Zusammengehörigkeit gut zu erkennen, da sie extra für die Tour bedruckte T-Shirts tragen. Das ist hier üblich. Mit Jorge und V nahm ich Ende 1998 an einer solchen organisierten Tour nach Natal teil. Zum „Pacote" gehörte auch die Ausstattung mit palmenverzierten T-Shirts und eine gemeinsame Vorbesprechung in einer Kneipe, was mich zunächst alles etwas peinlich berührte, da mir der Zwang der Gruppe eigentlich zuwider ist. Es wurde dann aber doch sehr schön, was auch an der frischen Beziehung zu V lag.

Bezahlt wurde die Tour übrigens mit Kreditkarte. Diese Zahlungsweise nutzte ich bei jeder noch so kleinen Möglichkeit, da die Kosten für die Kartenbenutzung bei Bezahlung an einer „elektronischen Kasse" etwas geringer waren, als bei der Abhebung am Automaten. So sammelten sich unzählige Zahlungsbelege an, bei deren Vergleich mit meinen Kontoauszügen ich meine Zeit verschwendete. Im Angesicht der neuen Gelassenheit eine fast bizarre Erinnerung. Der Organisator der Natal-Tour traf sich auf meinen Zahlungswunsch hin extra mit seiner Karten-Ratsche ausgerüstet auf dem Universitätsgelände mit mir. Er konnte gar nicht verstehen, warum ich nicht in Raten zahlen wollte, wofür natürlich Zinsen angefallen wären, die ich natürlich nicht bezahlen wollte, schließlich hatte ich das Geld ja auf dem Konto. Warum man dann aber mit Kreditkarte bezahlt, war dem Kassierer unverständlich.

Nachdem wir noch einmal das Meer besucht haben, spiele ich wieder Snooker mit Gupa und begleite ihn zu seinem Liebling Tatu Banana, den er immer noch mit großer Ausdauer beobachtet. Währenddessen macht V unser Gepäck abreisefertig. Wir begeben uns rechtzeitig an die Rezeption, da die Abreise hier ein komplizierter Vorgang sein kann. Tatsächlich werden etliche Zettel ausgefüllt. V wartet an der Rezeption, während ich nach und nach unsere Koffer aus dem 2. Obergeschoss herunterschleppe. Wir haben etwa 250 Reais zu bezahlen, ich zähle 13 von den 20-Real-Noten ab und reiche sie an die Rezeptionistin weiter. Die zückt den Taschenrechner, nachdem sie dreimal die Scheine nachgezählt hat, tippt 20 mal 13, sucht dann noch mal die Rechnung hervor, tippt ein Minuszeichen und den Rechnungsbetrag ein und sucht dann umständlich die in der Anzeige des Rechner erscheinende Summe heraus, um sie uns auszuzahlen.

Der Taxista erscheint pünktlich, allerdings ist es nicht der vom Samstag, sondern dessen Bruder. Aber er macht einen vertrauenswürdigen Eindruck, arbeitet auch bei der Flughafengenossenschaft und die Neue Gelassenheit bleibt erhalten, im Gegensatz zum letzten Mal, wo wir einen anderen Taxifahrer zwar um ein paar Reais heruntergehandelt hatten, aber durch einige Merkwürdigkeiten verunsichert wurden, siehe dazu die ausführliche

Schilderung im letzten Diario de Bordo von 2004. V fragt den Taxifahrer, ob er in Campina am Shoppingcenter anhalten könne, um uns die Möglichkeit zu geben, Geld zu holen. Er fragt, welcher Typ Automat das sei, den wir benötigten und hält daraufhin an einer Tankstelle der Petrobras an, wo sich ebenfalls ein Automat der Banco 24 Horas befindet. Dieser zeigt allerdings nach dem Einschieben der Karte an, diese Transaktion sei an diesem Ort nicht möglich. Ein zweiter Versuch bestätigt das Ergebnis.

Wir beruhigen den Taxifahrer, dass wir seine 200 Reais noch flüssig hätten, was auch der Wahrheit entspricht. Er scheint uns allerdings nicht ganz zu vertrauen und hält an der nächsten Tankstelle wieder an, lässt voll tanken und sich das Geld von uns vorstrecken, wahrscheinlich um zu sehen, ob wir wirklich genug dabeihaben, denn er wirft einen Blick durch das Seitenfenster, als ich die Scheine hervorhole und wirkt beruhigt, als er noch einen relativ großen Stapel sieht, der aber - da alles Zwanziger und Zehner sind - tatsächlich kaum noch mehr als 200 Reais beinhaltet.

Auf der Strecke hat es geregnet, während wir keinen Tropfen abbekommen. Die Straße ist nass, alles ist grün, auch das Zuckerrohr noch im Wachsen. Erst in ein paar Monaten wird es gelbbraun und trocken genug für die Ernte sein. Viele LKW sind unterwegs. Ihre Holzaufbauten sind bemalt und mit Danksagungen an den Beschützer, Retter und Geliebten der Fahrer - Jesus - beschriftet. Der Fahrer fährt gewohnt schnell, ich werde in dem unbequemen Sitz hin und hergedrückt, bin bald erschöpft und sehne mich nach der Ankunft in Campina. Als wir in die kurvenreichen Straßen der Serra da Borborema einfahren, übergibt sich G auf dem gleichen Abschnitt wie beim letzten Besuch vor fast zwei Jahren. Diesmal ist V darauf vorbereitet und hat Tücher zur Hand, mit dem sie den Mageninhalt auffangen kann. Endlich ist das Hotel auf dem Berg am Eingang zur Stadt zu sehen. Es war, seit ich 1997 zum ersten Mal hier ankam, im Rohbau und wurde wie wir jetzt sehen innerhalb der letzten zwei Jahre fertiggestellt. Wie wir später erfahren, beherbergt das Gebäude ein 5-Sterne-Hotel und ich fürchte, dass es weniger Zeit überleben wird, als es sich im Bau befunden hatte.

Der Fahrer hält am Shoppingcenter und zwei Meter vor mir läuft jemand, der an den Automaten der Banco 24 Horas einschwenkt und gemütlich den Kontostand ausdruckt, bevor er sich entschließt, Geld abzuheben. Die Neue Gelassenheit wird für ein paar Sekunden angekratzt, dann funktioniert die Transaktion aber ohne Schwierigkeiten und 1000 Reais in 50ern garantieren finanzielle Unabhängigkeit für die nächsten paar Tage. Der Taxifahrer setzt uns in der Avenida Getúlio Vargas 1111 ab, ich lege 10 Reais auf den vereinbarten Preis herauf, weil er so geduldig mit uns gewesen ist.

Die 4 Kinder von Vs Bruder sind noch hier. Eigentlich hat heute die Schule nach den Winterferien wieder begonnen, sie werden aber erst am Abend abgeholt und haben den ersten Schultag somit verpasst. Alex der 12jährige ist schon größer als V. Auch die anderen sind kräftig gewachsen, trotzdem verkneife ich mir den alten nervigen Spruch:

„Seid ihr aber groß geworden." Auch Vs Tante Lula mit Sohn Philipe sind noch da, die eigentlich gestern abreisen sollten, aber wegen angeblich starken Nebels nicht mitgenommen und auf den Flug eine Woche später vertröstet wurden. Ich erzähle Lula von den neuen Gesetzen über Passagierentschädigungen, nach denen ihr für diese Panne sicher ein beachtliches Sümmchen zugestanden hätte. Sie meint aber, das habe in Brasilien keinen Zweck, sich darum zu streiten. Ohne dass man vor Gericht ziehe, würde die Fluggesellschaft ohnehin nichts bezahlen und man hätte einen Haufen Ärger, der - obwohl man im Recht sei - meist zu nichts führe. Wahrscheinlich hat sie recht. Ob die Neue Gelassenheit bereits soweit fortgeschritten ist, dass ich das hätte auf sich beruhen lassen, wenn es uns passiert wäre, weiß ich nicht. Bei solchen Sachen bin ich sehr ehrgeizig und hätte mich wahrscheinlich solange herumgestritten, bis die Fluggesellschaft eine Entschädigung gezahlt hätte, ohne Rücksicht auf die Leiden meines Nervenkostüms in dieser Auseinandersetzung.

Die Begrüßung ist natürlich herzlich, aber ich begebe mich bald in stille Winkel, soweit dies möglich ist. Lange funktioniert es natürlich nicht. G ist etwas überfordert von den vielen neuen Gesichtern und zieht sich in die innere Emigration zurück, in dem er sein Kinn gegen den Brustkorb drückt, den Blick senkt und Annäherungsversuche mit schellen abwinkenden Handbewegungen abwehrt. Ich gehe mit ihm in die Área, die im Haus liegende Terrasse, die mit einer Gittertür von der Außenwelt getrennt ist. Aber auch hier werden wir schnell von Vs Neffen aufgespürt. Es gibt noch ein paar Abwehrreaktionen von G, dann aber interessiertes Beobachten und schließlich Annäherung. Sie gewinnen G zum Mitspielen, indem sie ein Auto von der anderen Seite der Gittertür hindurch stecken und G auffordern, es wieder zurückzustecken. So geht es eine ganze Weile und G amüsiert sich köstlich, als die Jungs eine Öffnung antäuschen und dann doch eine andere benutzen und imitiert sie dabei.

Nach einer Weile betätigt sich G als Türsteher, winkt die Vorbeiziehenden durch und kommentiert mit „auf" und „zu". Letzterer Ausdruck hat es den Jungs besonders angetan, sie nehmen G an die Hand und hüpfen und tanzen, dazu rufen und singen sie „Zu! Zu! Zu! Zu!...". Später kommt Vs Bruder mit seiner Frau und holt die Kinder ab, G winkt ihnen lange hinterher, das „Tschüß machen" haben wir ihm als ausgiebiges Ritual angewöhnt. Wir beziehen diesmal das Zimmer neben der „Área", also zur Straße hin. Das hat den Vorteil, dass wir Vs Oma nicht aus ihrer gewohnten Umgebung vertreiben müssen, wie beim letzten Mal, als in diesem Zimmer bereits Vs Tante Ceiça und Familie wohnten, während ihr Haus umgebaut wurde. Der Nachteil ist, dass uns nun nur ein Fenster mit offenen Holzlamellen vom Außenbereich trennt. Dieser ist natürlich noch einmal durch eine Mauer aus Granitsteinen und ein weißes Tor von der Straße abgegrenzt, aber angesichts des bereits beschriebenen hierzulande üblichen Lärmpegels fühlt man sich in diesem Zimmer doch manchmal, als schliefe man direkt unter der Autobahnbrücke.

Das speziell für uns angefertigte Bett von 2 Metern steht bereit, auch Haken für eine Hängematte wurden extra angebracht, in der G über uns schwebend schlafen soll. So gehen wir es in der ersten Nacht in Campina dann auch an. G wird mit einem Mosquiteiro geschützt, während wir wie sonst auch ohne diese Schutzvorrichtung schlafeb. Besser gesagt: Wir versuchen zu schlafen. Normalerweise hörte das Surren der Mücken bald auf, wenn sie sich einmal vollgesaugt hatten mit dem menschlichen Blut. An dieser Stelle herrscht bei mir keine Gelassenheit und ich wünsche mir in der Situation ein sanftes Entschlafen, egal ob mit oder ohne Hoffnung auf ein Aufwachen am nächsten Tag. Unter Qualen halte ich solange aus, bis die Mücken satt sind und schlafe dann irgendwann ein, wenn das Surren aufhört. Diesmal aber hört es nicht auf. Es gibt offensichtlich so viele Mücken wie nie zuvor. Wahrscheinlich haben sich auf den leerstehenden Grundstücken in der Nachbarschaft – von denen es jedes Mal mehr gibt, obwohl es hier mal eine gute Wohngegend war - und den darauf befindlichen zerfallenden Häusern in der Regenzeit Wasserlachen gebildet, die für die prächtige Entwicklung der Mückenpopulation verantwortlich sind.

Selbst als ich vorübergehend eingeschlafen bin, wache ich erneut von in meiner Ohrgegend kreisenden Blutsaugern auf. Die Flucht ist unmöglich, im Wohnzimmer schläft Vs Tante Nena wie immer im Sitzen, da sie sonst Sodbrennen bekommt. Es ist eine Folter. Zum Glück wacht G irgendwann auf und lässt sich herunter in unser Bett fallen, woraufhin wir den Mosquiteiro über das ganze Bett ausbreiten können. Die dadurch entstehende Enge lässt uns zwar auch nicht gerade angenehm schlummern, immerhin gewinnen wir die Gewissheit, dass sich von nun an das Surren auf der anderen Seite der textilen Mauer abspielt. Man darf nur keinen Körperteil an den Stoff anschmiegen, da sich dann sämtliche Mücken auf diese Stelle stürzen und sich dem Blutrausch hingeben, was brennende juckende Blattern hinterlässt.

Besonders G ist dabei sehr empfindlich. Wenn er von einer Mücke gestochen wird, ist an der betreffenden Stelle noch über eine Woche später ein roter Pickel zu sehen. Am Dienstag frühstücken wir Brötchen mit Coalho-Käse, der zwischen den Zähnen quietscht und diverse Früchte. Mir haben es besonders die Guaven (Goiaba) angetan, die hier dunkelrot, weich und saftig sind und wunderbar aromatisch schmecken. Auch in Portugal und Spanien hatten wir schon einige Male Guaven gekauft, die in ihrer Qualität aber nicht vergleichbar mit den hiesigen waren. Wir entspannen uns, G freundet sich mit Philipe an, der allerdings etwas abweisend ist. G nennt ihn „mein Baby", obwohl er 6 Monate älter ist, allerdings um einiges kleiner als G. Er will ihn auf den Schoß nehmen und umarmt ihn ständig und gibt ihm Küsschen, die er angewidert abwischt. Wenn sie sich gut verstehen, rennen sie gemeinsam durch den Fernsehraum über die Betten des Schlafzimmers in die Küche, immer im Kreis. Wenn keiner dabei ist, zieht das „Baby" G am Ohr und er kommt schreiend angerannt. Wir erklären

Philipe, dass man nicht schlägt und G, dass das kein Baby sondern ein Junge ist, woraufhin er Philipe nur noch „Menino" nennt und wir ihm erklären müssen, dass er Philipe heißt und er ihn auch so nennen soll, was ihm allerdings schwer fällt. Nicht dass er es nicht versuchen würde, aber die Aussprache macht noch Schwierigkeiten. Philipe stellt seinen Teil der Belehrung massiv infrage: „Schlagen macht man nicht oder doch?" fragt er alle zehn Sekunden und bekommt stets die gleiche Antwort.

Am Mittwoch Vormittag kommt Tio Zé vorbei. Wir fahren ein paar Runden durchs Viertel und halten schließlich an einem kleinen Laden, wo er eine 350ml-Dose vom Zuckerrohrschnaps Cachaça 51 kauft. Zurück im Haus seiner Mutter sticht er mit einem Messer umständlich ein Loch in den Deckel. Auf die Frage von Vs Tante, warum er nicht die Aufreißlasche benutze, meint er, das mache ein viel zu großes Loch. Er drückt Limonen aus und gießt den Schnaps liebevoll über das auf der Handpresse zurückgebliebene Fruchtfleisch. Der Alkohol sickert durch zum Limonensaft, der nun in Gläser abgefüllt werden muss. Zum Dazuessen (Tira-gosto) wird das für das Mittagessen zubereitete Carne de Sol geplündert. „Trinken, ohne was zu essen, das ist nichts." Wir schlürfen das leckere Gesöff und bald macht Zé die Dose für eine zweite Runde leer. Ich lege mich mit G zum Mittagsschlaf und schlummere das erste Mal richtig tief in diesem Urlaub.

Nachmittags ziehen wir ins Zentrum, um unsere Nagel- und Hautscheren schleifen, eine neue Batterie in eine von Vs Uhren einsetzen zu lassen und Windeln und ein paar Lebensmittel zu kaufen. Zuerst besuchen wir aber Fafa, die Schwester einer von Vs Freundinnen. Sie wohnt in einem 12stöckigen 70er-Jahre-Bau, der immer mehr herunterkommt. Auch Fafa sieht jedes Mal schlechter aus. Wenn ich an so etwas glauben könnte, würde ich sagen, sie verbreitet eine negative Energie. Jedes Mal wohnt sie in einer anderen Wohnung, die aktuelle will sie jetzt angeblich kaufen, ich schätze viel Freude wird sie nicht mehr daran haben. Nur kurz halten wir uns auf und fahren dann im bemannten Fahrstuhl wieder hinunter. Das ist auch so ein menschenunwürdiger Job: Den ganzen Tag Knöpfe drücken in einer neonbeleuchteten engen Kabine, den Kopf immer auf Arschhöhe der „Fahrgäste". Die Geschäfte werden erledigt, Windeln in Gs Größe sind nicht zu bekommen. Wir kaufen Erwachsenenwindeln bis 40 Kilogramm. Zurück fahren wir mit dem Bus. Man muss neuerdings vorne einsteigen, sich durch ein Drehkreuz begeben und hinten wieder hinaus, vorher war es umgekehrt. Ansonsten hat sich in Campina nicht viel verändert.

Donnerstags besuchen wir die Universität, finden aber weder unsere alten Professoren Edgard, Angela und Renato, noch sonst irgend jemand bekanntes. Nur der Buchhändler, der seinen Stand vor dem Computerraum des Mestrado de Economia hat, in dem ich 98/99 immer gesessen habe, erkennt uns wieder und erzählt uns etwas über eine Frau, die wir nicht kennen. Auch Sayonara, die Besitzerin des Trailers (Imbissbude) am Eingang ist nicht da. Sie hat inzwischen Angestellte und kommt nur noch stundenweise vorbei.

Wir trinken dort eine Cola und fahren mit dem Taxi zurück, so wie wir auch gekommen sind.

Nachmittags kommt Zé vorbei und wir fahren zur Bar do Cuscuz am Stadtsee, dem Açude velho, dem alten Speicher. Ich frage Zé, ob der irgendwann mal für die Wasserversorgung der Stadt genutzt wurde, aber er meint, dafür hätte es schon immer den „Buquerão" außerhalb der Stadt gegeben. Wir unterhalten uns über Biodiesel und darüber, dass hier wie in Deutschland eine Mischung des fossilen Diesel mit diesem „Oleo vegetal" vorgeschrieben wird. Ich erzählte ihm, dass das in Deutschland verwendete Rapsöl laut einer neuen Studie 10mal mehr karzinogene Substanzen bei der Verbrennung freisetzt, als der fossile Diesel. Wir bestellen zwei gegrillte Wachteln als Tira-gosto, Schnaps und Bier. Zé fragt ein paar Mal beim Kellner nach, wo denn die Wachteln bleiben würden, solange sie nicht serviert werden, trinken wir nichts. Nachdem die Vögel endlich auf den Tisch gekommen sind und verzehrt wurden, widmen wir uns dem Schnaps und dem Bier. Zé fragt, ob wir noch einen bestellen wollen, und ich finde, dass wir noch einen vertragen würden. Diesmal kommt er in einem großen Glas und Zé gießt ihn gleich noch im Beisein des Kellners um in das leere Schnapsglas der vorherigen Runde. Es zeigt sich, dass in dem großen Glas ein beachtlicher Rest bleibt, der Barmann es also gut mit uns gemeint und einiges mehr als einen Doppelten eingeschenkt hat.

G hat Durchfall bekommen und die Windeln verbrauchen sich mit unglaublicher Geschwindigkeit. Das Vorhaben, ihn hier in Brasilien nur in Unterhose herumlaufen zu lassen, um ihn von den Pampers zu entwöhnen, hat sich somit vorerst erledigt. Wir hatten ihm in Recife extra Sandalen aus Plastik gekauft, die schnell abwaschbar sind, wenn er ohne Windel läuft und etwas daneben geht. Trotzdem diese Strategie jetzt fürs erste ad acta gelegt ist, so trägt G doch gerne seine neuen Sandalen, bis er merkt, dass sie an der Innenseite des Fußes eine Blase verursacht haben. Er hat offensichtlich mit dem Finger daran herumgepult und sie ist aufgegangen, was wehtun muss, denn er beginnt herzzerreißend zu weinen. Die diversen „Auas", die der Asphalt schon an seinen Knien hinterließ, hatte er lockerer weggesteckt. Auch wenn ich ihm jetzt erkläre, dass auch dieses Aua wie die anderen von selbst wieder weggehen würde, beruhigt er sich erst, als er von etwas anderem von seinem Schmerz abgelenkt wird. Dementsprechend bricht auch das Weinen wieder aus, als er erneut auf die verletzte Stelle aufmerksam wird. Man leidet richtig mit diesem kleinen Kerl, der einem mit seinem Lachen das Herz aufgehen lassen kann.

Freitag, 11. August 2006, Computerzeit 19.44

Ich sitze im Hotel Pouso das Águas in der Avenida Cabo Branco 2348 in João Pessoa. Die hohen Hausnummern kommen hier zustande, weil immer etwa zehn Nummern zwischen den Häusern ausgelassen werden, wahrscheinlich um auch dann noch eine Nummerierung ohne das in Deutschland übliche Hinzufügen von Buchstaben zu ermöglichen, wenn zwischen den bereits bestehenden

Häusern gebaut wird. V ist mit G zu Bekannten gefahren und ich nutze die Zeit, das Diario de Bordo auf den neusten Stand zu bringen. Ich habe mir die „Bastard Art"-Scheibe von den Sex Gang Children angemacht. Die ist V zu hart und kann deshalb besser in ihrer Abwesenheit gehört werden. Das Diario ist bereits eine Woche im Rückstand, ich mache also am Freitag letzter Woche weiter, an dem wir noch in Campina sind.

An diesem Tag gehen wir, als G schläft, das erste Mal alleine aus. Ich hatte gehofft, dass Vs Mutter oder Tanten sich mehr mit G beschäftigen würden und wir so etwas mehr Freiraum hätten, um mal abends wegzugehen, oder tagsüber etwas zu erledigen, ohne ihn zu diesen für ihn meist langweiligen Sachen mitnehmen zu müssen. Ich war bei diesen Gedanken wohl etwas zu verwöhnt von den Erfahrungen mit meiner Mutter, die sich dem Kleinen jedes Mal wenn wir in Rathenow sind vollständig annimmt und die Zeit auch genießt, einem also nicht das Gefühl gibt, man dränge ihr etwas auf, was sie eigentlich nicht will. Sie hatte wirklich im Beruf der

Kindergärtnerin ihre Berufung gefunden. Diesen Enthusiasmus für Kinder kann man natürlich nicht von jedem erwarten. Schließlich hatte auch ich mich bei unserem letzten Besuch so weit wie möglich von der Betreuung von Igor und Isis zurückgezogen. Auch ist es hier in Brasilien üblich, dass sich die Kinder selbst beschäftigen oder mit anderen Kindern spielen. Zudem scheint sich Vs Mutter bereits von deren Bruder und Schwester ausgenutzt zu fühlen, deren Kinder sie regelmäßig betreut und dafür offensichtlich nicht die erwartete Anerkennung bekommen hat.

Wir wollen G niemandem aufdrängen, vor allem seinetwegen nicht. Er würde das sicher spüren und sich abgeschoben fühlen. So nehmen wir ihn normalerweise zu unseren Unternehmungen mit, auch wenn das logistisch manchmal etwas schwierig ist. Auf Busfahrten verzichten wir dabei gänzlich und bewegen uns stattdessen mit dem Taxi fort, was hier noch vergleichsweise billig ist. Eine Fahrt ins Zentrum kostet 6 Reais (Ein Euro entspricht zur Zeit 2,70 Reais), ins Shopping Center oder zum Busbahnhof gute 10 Reais.

Für letztere Fahrt muss man im Zentrum umsteigen, also zweimal das Fahrtentgelt bezahlen, das etwa 1 Real pro Person beträgt. Das Taxifahren kostet also auf den von uns zurückgelegten Strecken etwa 3mal so viel wie der öffentliche Nahverkehr und das ist es auch wert. Wer sich einmal von vorne bis hinten (früher von hinten nach vorne) durch einen überfüllten brasilianischen Bus gedrängt hat, weiß warum. In der Mitte gibt es keine Türen, dieser Weg ist also unumgänglich. Wenn man dann vielleicht noch Einkäufe dabei und G auf dem Arm hat, der inzwischen 17 Kilogramm wiegt, erspart man sich dieses Gedränge nach Möglichkeit. Angesichts der neuen Gelassenheit im Umgang mit Geld fällt das nicht schwer.

In meiner Zeit als Student habe ich mir glaube ich nie ein Taxi geleistet. Damals entsprach ein Real auch noch etwa einem US-Dollar, was die Sache natürlich insgesamt verteuerte auch wenn das Verhältnis Taxi-Bus auf niedrigerem Niveau etwa dem heutigen entsprach. Nur als ich das erste Mal in Brasilien ankam, auf dem Flughafen von Salvador nahm ich mir ein Taxi, weil mir das so geraten worden war. Ich war schockiert von dem Fahrpreis (wie ich später feststellte, war der Fahrer zusätzlich zum ohnehin schon endlos langen Weg vom Flughafen in den Stadtteil Barra noch einige Schleifen gefahren), der fast 40 Reais betrug, also fast 40 Dollar, fast 80 Mark! Davon lebte ich in Berlin manchmal zwei Wochen lang. Um so schockierter war ich, als ich beim ersten Wocheneinkauf im Hiper Bompreço von Campina über 70 Reais bezahlte. Ich musste mir noch ein paar Real von dem deutschen Ehepaar leihen, das mich dorthin mitgenommen hatte. Ich hatte die Sachen eingekauft, die ich auch in Deutschland konsumierte und die hier sehr teuer waren wie Joghurt, Camembert und Wein.

So wie ich bei meinen nächsten Einkäufen mehr auf die Preise achtete, so fuhr ich auch fast nie wieder mit dem Taxi. Wenn nachts keine Busse mehr fuhren und es sich gar nicht vermeiden ließ, nahm ich mir ab und zu ein „Mototaxi". Dann stülpte ich mir einen meist übelriechenden Helm über und versuchte meinen Magen an seinem angestammten Platz zu halten, was angesichts der Fahrweise der Mototaxistas nicht ganz einfach war. Wenn ich etwas getrunken hatte, fiel mir das leichter. Das „Umdrehen" des Magens scheint bei mir eine psychologische Reaktion zu sein. Der Alkohol im Blut erhöhte die Gelassenheit im Umgang mit dem eigenen Leben und der es bedrohenden Gefahren.

Wir fahren an diesem Abend, als G eingeschlafen ist, also die alten Gewohnheiten ablegend mit dem Taxi zum „Big Mix" am Açude Novo, dem neuen Speicher, der den Obelisken der Stadt zum Mittelpunkt hat, welcher von den Einheimischen „Des Bürgermeisters bestes Stück" genannt wird. Tatsächlich verewigt sich hier jeder Bürgermeister mit einem Bauvorhaben. Ronaldo Cunha Lima hat auf der Böschung des „Parque do Povo", der 1986 unter seiner Regentschaft als Bürgermeister hergerichtet wurde, eine zwei mal vier Meter große Gedenktafel an sich selbst anbringen lassen, eine zweite halb so großen steht am Eingang desselben „Volksparkes". Sein Sohn Cassio tat dies mit der „Meninão" („der große

Junge" – von Ronaldo) genannten Sporthalle. Am Tor des Kinderparks „Parque da Criança" prangt in großen Lettern ein Gedicht von Ronaldo, mit dem er den Park seiner geliebten Heimat widmet. Zu dieser Zeit war er bereits Gouverneur, der zu dieser Zeit amtierende Bürgermeister wurde mit einer bronzenen Gedenktafel verewigt. Der aktuelle Stadtvorsteher Veneziano hat den besagten Açude Novo wiederherrichten lassen, der früher eine düstere und unsichere Gegend war. Jetzt gibt es viel Licht, auch wieder etwas Wasser und man kann sich sogar nachts zu einer der dort entstehenden Bars trauen. Eine sehr sinnvolle Baumaßnahme also, mit wahrscheinlich verhältnismäßig geringem Budget. Ich fürchte, man wird es sich mit einer überdimensionalen Gedenktafel danken lassen.

Wir sehen also auf den illuminierten Obelisken und trinken „Chopp", eiskaltes Fassbier, das in bayerischen Humpen nachempfunden Henkelgläsern ausgeschenkt wird, die allerdings nur 300ml fassen. Inzwischen gibt es auch den Choppão (Vergrößerungsform) mit einem halben Liter Inhalt, wir bleiben aber zur Erinnerung an die alten Zeiten bei den althergebrachten niedlichen Bierchen. Auch lohnt es sich kaum, in größeren Mengen zu bestellen, denn bereits bevor man das Bier augetrunken hat, wird man gefragt, ob man noch eines nähme, das dann auch kurz nach dem letzten Schluck serviert wird. Ab dem dritten Glas erhebt der Kellner nur noch mit einem fragenden Blick seinen Daumen und solange ich meinen Daumen daraufhin ebenfalls in die Höhe strecke, habe ich kurze Zeit später ein neues Glas auf dem Tisch zu stehen. V steigt bald auf Säfte um, die meist mit Milch serviert werden.

Wir plaudern über die alten Zeiten, über Geraldo „Cabeleira", der mich im Auftrag von Jurandir Xavier in das Leben von Campina Grande eingeführt hat. Jurandir hatte mehr mit der Politik zu tun und erschien auch selten zu seinen eigenen Vorlesungen und Seminaren an der Bundesuniversität von Paraíba (da Paraíba - UFPB), die jetzt UFCG heißt - Universidade Federal de Campina Grande. Auch jetzt organisiert er noch den Wahlkampf der Cunha Limas in João Pessoa, obwohl er bereits Rentner sein dürfte. Während seines Studiums in Deutschland war er in der Internationalismusbewegung engagiert, bis zuletzt gab er noch Kapitalkurse - wenn er denn mal da war. Bei Marx scheint er einiges gelernt zu haben, woraus sich persönliches Kapital schlagen ließ. Auch sein Schüler Cabeleira ist inzwischen bei der Prefeitura (Bürgermeisteramt) untergekommen, gestern habe ich ihn im Fernsehen gesehen, wo er der Reporterin erklärte, warum es im Sinne des Selbstschutzes notwendig ist, von Motorradfahrern ohne Helm fast 200 Reais Strafe zu kassieren.

Nach einer Weile lauschen wir den Klängen des üblichen Gitarrenspielers, der die bekannten Meilensteine der Musica Popular Brasileira (MPB) zum besten gibt. Es sind Stücke von Elba Ramalho, ihrem Cousin Zé Ramalho, Geraldo Azevedo, Tom Jobim, Caetano Veloso, dessen Schwester Maria Bethania, Chico Buarque, Gilberto Gil und anderen. Wir spekulieren, ob es das Campinenser Original noch gibt, das stets mit Cowboyhut und wechselnden Hawaiihemden bekleidet am Wochenende durch die Bars zog und die Künstler überredete eine Pause zu machen, um dem Publikum sein Repertoire zum besten zu geben, das aus den immer gleichen drei Stücken bestand, die er dafür aber mit absoluter Hingabe intonierte.

Der Sänger taucht nicht auf, dafür eine Gruppe junger Studentinnen, für die Happy-Birthday gesungen wird. Das Geburtstagskind ist ausgesprochen mager, so dass man schon einzelne Knochen identifizieren kann, was es aber nicht daran hindert, sich und ihren größtenteils weniger mageren Freundinnen hier ein „Rodizio de Pizza" zu gönnen, bei dem der Kellner alle paar Minuten mit einer anderen Sorte Pizza auf dem Tablett vorbeikommt und einem bis zum Abwinken jeweils ein Stück auf den Teller wirft. Die Magere gibt erst nach sieben oder acht Runden auf, die meisten anderen halten noch länger durch. Die Gruppe scheint mir symptomatisch für die hiesige Gewichtsentwicklung der Jugendlichen zu sein, die sich immer mehr zu den Extremen Adipositas und Bulimie zu spreizen scheint. Ich vermute, dass die Magere gleich aufs Klo geht und die zwei Pizzen, die sie gegessen hat wieder auskotzt. V glaubt das nicht, es gäbe Menschen, die könnten einfach alles essen, ohne dick zu werden. Wahrscheinlich hat sie recht. Für mich stimmte das bis vor einigen Jahren ja auch.

Wir beobachten noch einige Zeit das Geschehen. Die Bar gegenüber, in der wir nie mehr als 4 Gäste gesehen hatten, obwohl sie weit mehr als fünfzig fasst, hat sich gefüllt, während sich als wir kamen das übliche Bild gähnender Leere geboten hatte. Wir hatten schon vermutet, dass es sich gar nicht um eine Bar handelte, sondern um eine Institution zur Geldwäsche, aber wahrscheinlich hatten wir den Besucherstand nur immer zu den falschen Zeiten beobachtet. Irgendwann nach Mitternacht nehmen wir uns ein Taxi zurück, wo G immer noch selig schläft. Als wir die Gittertür hinter uns schließen, hören wir ihn „Aufmachen!" rufen. Er hat offensichtlich das Geräusch in seinen Traum integriert, denn er ist nicht aufgewacht. Die ungewohnte Enge und das ständige Verschließen von Türen und Fenstern aus Angst vor Eindringlingen scheint ihn zu beeinträchtigen. „Aufmachen!" oder „Nicht zumachen!" fordert er regelmäßig ein, wird damit aber nicht verstanden.

Am Samstag begeben wir uns wieder ins Shopping-Center. V hebt diesmal mit ihrer Kreditkarte Geld ab und wir machen ein paar Einkäufe. Wir sind vor 10 Uhr dort, weshalb die meisten Geschäfte noch geschlossen haben. So müssen wir erst ins „Hiper Bom Preço" und anschließend unsere Einkäufe umhertragen. Als wir Windeln, Getränke, CDs von einer neuen brasilianischen Band, die V im Fernsehen gesehen hat und mit Kindermusik für Gupa und ein paar Kleinigkeiten gekauft haben, kommen wir an einem Spielplatz vorbei. Hier drinnen gibt es sie also, in der Stadt hingegen sucht man sie vergeblich. Allerdings kostet die halbe Stunde Benutzung hier auch 5 Reais. G hat die Geräte bereits gesichtet und sagt „Da rutschen!" und zieht uns in Richtung des „Playground". Ich setze mich auf eine Bank und bewache Geld und Einkäufe, während V mit G Trampolin springt (sehr wackelig), rutscht (sehr routiniert) und auf einer abschüssigen Hügelstrecke in der

Holzeisenbahn herunterfährt (sehr ausdauernd).

Wir gehen noch eine Viertelstunde ins Internet, wo 40 E-Mails auf uns warten, das meiste Angebote für Penisverlängerungen und Viagra-Tabletten, die ich schnell lösche, wobei auch die eine oder andere normale Mail ungelesen ins Nichts wandert, was mich im Moment nicht weiter beunruhigt. Gernot hat sich aus Riga zurückgemeldet, wo er 500 Fotos für seinen Reiseführer geschossen hat. Conchi, die Spanierin, die wir in Foz do Iguaçu kennen gelernt und in Curitiba wiedergetroffen haben, schreibt, dass sie nach langem Suchen endlich einen Job als Lehrerin gefunden hat und überglücklich ist. Ich antworte Gernot kurz, dass es uns in Brasilien gut geht und wir uns auf ein Wiedersehen im September freuen. Wir schlendern noch ein bisschen umher, kaufen Ansichtskarten und lassen uns von einem Taxi zurückfahren.

Ivanildo, der Mann von Vs Tante Ceiça ist im Fernsehen zu sehen. Er spricht über den Spiritualismus, dem er und andere Familienmitglieder anhängen. Inzwischen haben sie sich aber sämtlich auf verschiedene Kirchen verstreut. Vielleicht liegt es daran, dass dem Fernsehauftritt keine große Beachtung geschenkt wird: Ein kurzes „Ach guck mal, Ivanildo im Fernsehen." und man unterhält sich wieder über etwas anderes, so wie man sich eigentlich niemals wirklich aufmerksam etwas ansieht, sondern das Fernsehprogramm immer nur Hintergrundgeflimmer und Geräuschkulisse ist. Vielleicht liegt es auch an dem geringen Stellenwert, den das Fernsehen in seinen Inhalten letztendlich hat, obwohl es rund um die Uhr läuft, dass Ivanildo dort von der Familie unbeachtet spricht, nach dem Motto „Warum sollen wir ihn uns im Fernsehen ansehen, wir sehen ihn ja laufend hier im Haus herumlaufen." Auch V kann den Grund nicht näher eingrenzen.

Am Sonntag besuchen wir unseren alten Freund Helmut Neff, seine Frau Cristina und Sohn Matthias. Sie wohnen in Lagoa Seca in einem geschlossenen Wohngebiet, das durch eine mit Elektrodraht bewehrte Mauer eingeschlossen ist. Das hat den Vorteil, dass man sein Haus nicht vergittern muss, Helmut lässt sogar die Türen offenstehen. Die Mauer ist nicht so nah wie die Gitter vor Fenstern und Türen, weshalb ich mich hier wohler fühle als in der Stadt, auch wenn der Gedanke einer flächendeckenden Aufteilung urbaner Räume in solche „Ghettos" unterschiedlicher Ausprägung Unbehagen aufkommen lässt. Zum Glück ist diese Entwicklung in Deutschland noch nicht so fortgeschritten. Auch einen Spielplatz gibt es hier auf dem Gelände, wenn auch etwas einfallslos eingerichtet: Zwei Klettergerüste mit jeweils einer über eine Leiter zu erreichenden Plattform und zwei Schaukeln. Das war's. Auf dem Festplatz gibt es einen Kicker, leider ist kein Ball da.

Helmut sieht krank aus, er ist erkältet und vor einer Weile hat man starke Arteriosklerose bei ihm festgestellt, weshalb er eine Diät mit Sojaprodukten machen soll, welche die tierischen Fette ersetzen. Für uns hat er trotzdem ein schönes Stück „Picanha" zubereitet. Wir trinken Rotwein, der hier sehr teuer ist. Helmut lästert über den süßen brasilianischen Wein, der in 5-Liter-Karaffen verkauft wird und eigentlich kein Wein ist, sondern mit Alkohol angereicherter Traubenmost, dem wahrscheinlich irgendwelche Konservierungsstoffe zugesetzt werden, damit er nicht gärt. Mit spitzen Fingern bringt er uns ein Glas mit einer Kostprobe von Cristinas Lieblingsmarke. Er ist süß, schmeckt aber noch angenehmer als der, den ich beim letzten Besuch bei Vs Onkel trinken musste. Der hatte zudem noch einen bitteren Nachgeschmack. Wir lassen trotzdem einen Rest im Glas, beim Abräumen denkt Helmut nicht mehr an seine sarkastische Weinprobe und gießt sich den übriggebliebenen Schluck ins eigene Glas, weil er den guten Wein nicht verkommen lassen will. Als er das Glas schließlich austrinkt, muss er sich fast übergeben. Er ist ein echter Genießer, auch was das Essen angeht. Jemand, der sich Fleisch und Wein auf der Zunge zergehen lässt, während ich beides in vollen Zügen in mich hineinschaufele bzw. -schütte. Wenn er mit diesem Lebensstil schon Probleme mit den Adern hat, was soll das mal bei mir werden?

Wir versuchen, Matthias und G zum Mittagsschlaf zu legen, aber beide verweigern sich unabhängig voneinander. Stattdessen rennen sie gemeinsam durchs Haus. Wir trinken noch ein Bier und fahren dann ins „La Suiça", die beste Konditorei von Campina, wo wir frischen Orangensaft trinken, leckere Schokoladen- und fantastische Eistorte essen. G ist bereits im Auto eingeschlafen und liegt jetzt quer über unseren Knien. Matthias ist auch völlig übermüdet und fängt wild an zu schreien, was Cristina überaus peinlich ist, da sie viel Wert auf Etikette legt. Wir brechen schließlich auf und lassen uns zurückfahren. Wir verabreden, uns gleich zu melden, wenn wir aus João Pessoa zurückkommen. Edgard Malagodi hat uns sein Appartement in João Pessoa angeboten, aber V möchte lieber in ein Hotel gehen, es ist ihr immer peinlich so etwas anzunehmen, weil sie sich anschließend in der Pflicht fühlt, irgendetwas zurückgeben zu müssen. Edgard ist schon etwas beleidigt, dass wir so abweisend sind, er müsse jetzt ein paar Tage nach Recife, wir sollten uns dann melden.

Am Montag geht V unsere Postkarten an meine Eltern, Christian und Conchi einstecken. Außerdem will sie die Windeln Marke Huggies kaufen, die wir am Samstag im Shopping entdeckt haben und die G passen und deren Feuchttücher eine angemessene Dicke haben, während man durch alle anderen hindurchgreifen kann. Zum Ausprobieren hatten wir jeweils ein Paket gekauft und V will sich nun bedarfsgemäß eindecken, da die anderen Windeln nicht nur eng sind, sondern immer auslaufen - auch das Erwachsenenmodell, dass zwar groß aber zu dünn ist - auch schon beim zweistündigen Mittagsschlaf. Leider scheint es diese neu entdeckten Windeln nur in dem Supermarkt im Shopping zu geben. Nach zwei Stunden kommt V wieder und hat keines von ihren Vorhaben umgesetzt. So ist das oft in Brasilien. Sie ist durch sämtliche Supermärkte des Zentrums gehetzt und hat nichts gefunden, ist dann zur Post gegangen, um die Postkarten frankieren zu lassen. Dort hat sie wie beim deutschen Arbeitsamt eine Nummer bekommen und beim Blick auf die Anzeigetafel festgestellt, dass noch 70 Nummern vor ihr an der Reihe wären, also auch wie beim deutschen Arbeitsamt. Daraufhin ist sie losgegangen, wie man es beim deutschen Arbeitsamt jedes Mal gleich am Eingang machen möchte, aber wenn man deren Geld braucht leider nicht kann.

Ich habe mir einen grippalen Infekt eingefangen. Gs Durchfall ist jetzt weg, nun fange ich an zu kränkeln. Am Montag Abend habe ich Halsschmerzen und die Nase läuft. Am Dienstag wache ich mit einem stechenden Schmerz in der Gegend der Nasenneben- bis hinauf zur Stirnhöhle auf. Ich bleibe liegen, das Stechen wird immer druckvoller, am liebsten würde ich mir einen Holzpflock in die Stirn rammen. Ich nehme Aspirin, nichts tut sich. Vs Mutter gibt mir eine Flasche mit in reinem Alkohol eingelegten Kräutern zum Schnüffeln. Die Dämpfe scheinen den Schmerz zu betäuben. Plötzlich ist er weg. Ich fühle mich trotzdem schlapp und unbrauchbar. Eigentlich wollten wir heute nach João Pessoa fahren, weil die ersten Anzeichen der Erkältung bereits gestern sichtbar wurden, haben wir noch nicht reserviert. Cristina hatte uns das Hotel „Pouso das Águas" empfohlen. Ich nehme mir vor, mich heute auszukurieren und morgen die Reise anzutreten. V reserviert telefonisch ein Zimmer, es koste 70 Reais. Als V erwähnt, dass es bei ihrer Freundin nur 60 gekostet habe, wird auf der anderen Seite kurz getuschelt und der Preis angepasst.

Ich bleibe den ganzen Tag im Bett. V kauft mir Taschentücher und Aspirin, ich bin ziemlich mürrisch, was mir später leid tut. Tio Zé kommt vorbei und will uns zu verschiedenen Autovermietungen fahren, weil wir überlegt hatten, so nach João Pessoa zu kommen und auch dort ein Fortbewegungsmittel zu haben. Ich bleibe einfach im Bett, hoffentlich ist Zé nicht sauer, aber ich habe keine Kraft mich mit undurchsichtigen Tarifen auseinanderzusetzen. Zé fährt trotzdem umher und bringt Preislisten mit. Im Zeichen der neuen Gelassenheit will ich schon V beauftragen einfach eine Reservierung bei der größten Firma zu machen, die den besten Prospekt haben. Aber als ich die Preise durchrechne, stelle ich fest, dass wir mit Versicherung trotz Selbstbehalt im Schadensfall für eine Woche Anmietung eines Kleinwagens über 1000 Reais bezahlen würden. Das erscheint mir dann doch zu viel. Außerdem denke ich an die komplizierte Anmietung, das umständliche Suchen von Straßen und Wegen und beschließe, dass die Prinzipien der neuen Gelassenheit besser damit erfüllt werden, sich bequem mit dem Taxi umherfahren zu lassen.

G hat die Nacht zum Mittwoch im Zimmer von Vs Mutter geschlafen. Einerseits hatte ich Angst, dass er sich, würde er wieder in unserem Bett schlafen, bei mir anstecken könnte. Außerdem war es mir ganz recht, etwas ruhiger schlafen zu können, denn wenn G mit im Bett liegt, traue ich mich kaum, mich umzudrehen, um ihn nicht zu erdrücken, was mich noch unruhiger schlafen lässt, als bereits durch den Lärm bedingt. Ich schlafe immer mit dem Gesicht zur Wand und G klammert sich mit Händen und Füßen an meinen Rücken, wahrscheinlich weil er es auch gewohnt ist, sich an der Wand zu orientieren, um ein Gefühl von Geborgenheit zu bekommen. Tatsächlich ist diese Nacht relativ erholsam, das Immunsystem scheint gearbeitet zu haben, es sind keine Symptome des Infekts mehr zu spüren, außer einer den ganzen Körper betreffenden allgemeinen Schlappheit. Wie jeden Tag werden wir von Vs Tante Nena geweckt, oder besser gesagt von deren Besen, mit dem sie den Eingangsbereich fegt. Sie putzt unermüdlich den ganzen Tag. Als Vs Bruder am Montag losgefahren ist, ließ er auf dem Bürgersteig ein paar Ölflecken zurück. Selbst diese beseitigte Nena mit flüssiger Seife und Schrubber. Regelmäßig sagt sie sich im Selbstgespräch die Dreckecken des Hauses aus: „Das Bad hier ist aber ekelhaft schmutzig." oder „Guck sich mal einer den Schweinestall hier an!", worauf meist die sofortige Beseitigung des unhygienischen Zustandes folgt. Der Boden wird zuerst gefegt, dann mit flüssiger Seife bespritzt, mit dem Schrubber bearbeitet, mit einem Gummiwischer abgezogen, mit einem feuchten Tuch gewischt, mit dem ausgespülten feuchten Tuch gewischt, mit einem trockenen Tuch gewischt. So geht es jeden Tag.

Einmal beobachtete ich, wie sie eine ihrer Bemerkungen nach dem Motto „Das ist aber ein Krankheitsherd hier." im Beisein von Zé machte, worauf dieser sofort stichelte: „Das kann man wohl sagen. Ich finde das eine unbeschreibliche Verantwortungslosigkeit." Beim letzten Wort hatte er bereits die Faust von Nena in den Rippen. Vor kurzem hat sie ihm ihre Sandale auf den Rücken geklatscht, so dass ein paar Tage später noch ein Abdruck zu sehen war. Er ist immer noch der kleine Bruder, auch wenn sie jetzt beide Rentner sind. Die Ordnungsliebe, die Nena von ihrer Mutter - Vs Oma - ins Blut übergegangen ist, konterkariert Zé bei jeder Gelegenheit. Er stellt leere Getränkedosen in den Küchenschrank und steckt ausgedrückte Zitronenschalen auf den Wasserhahn. Seine Rebellion gegen das strenge ehemalige Zuhause hält an.

Das Fernsehen berichtet über eine Fokker der TAM, die während des Fluges eine Tür verloren hat. Die Maschine ist sicher gelandet, auch die Tür - auf dem Dach eines Shopping-Centers. Beim vorletzten Besuch sind wir mit der TAM ins Pantanal geflogen. Als wir gerade den Flug gebucht hatten, gab es einen Absturz und im Fernsehen wurden die Bilder von mehreren Pannen und Unfällen bei der TAM gezeigt. Ich sagte scherzhaft: „Jetzt wo gerade wieder eine Maschine abgestürzt ist, werden sie wohl eine Zeit lang besser aufpassen", obwohl die Bilder meine Gelassenheit etwas bröckeln ließen. V hätte die Tickets am liebsten zurückgegeben und auf einer anderen Linie gebucht.

Dienstag Abend hat es angefangen zu regnen, was hier in Campina meist einige Tage anhält, da die Wolken sich in der Bergkette festsetzen. Auch am Mittwoch Morgen gießt es noch. Ceiça ist da, ich habe eigentlich keine Lust, ihr - benommen vom grippalen Infekt und konfus von den Abreisetätigkeiten wie ich bin - zu begegnen. Aber sie bleibt und sieht sich unsere Fotos von der Köln-Reise an, ein Ausweichen ist irgendwann nicht mehr möglich. Sie fährt uns zum Busbahnhof. Wir kaufen drei Fahrkarten nach João Pessoa für den 11-Uhr-Bus für 16 Reais pro Person. Der Preis hat sich im Laufe der Jahre verdoppelt, sich also unter der Kursentwicklung des Real gehalten.

(Samstag, 12. August 2006, Computerzeit
20.21)

Ich habe es gestern nicht ganz geschafft, das
Diario zu aktualisieren. Deshalb geht die
Schilderung der Ereignisse hier am Busbahnhof von Campina weiter. Wir warten in
der ungemütlichen Halle aus blankem Beton.
Ich versuche noch eine Veja zu bekommen,
aber sie ist bereits ausverkauft, da sie Sonntags herauskommt, heute ist bereits Mittwoch. Ich kaufe stattdessen das Jornal da Paraíba, eine regionale Tageszeitung. Wir haben
wieder eine Menge Gepäck. Einen Koffer und
eine große Tasche lassen wir in den Rumpf
des Busses einladen, drei kleinere Stücke
nehmen wir mit in den Fahrgastraum. G
übergibt sich wieder auf dem gleichen Stre-
ckenabschnitt, wie auf der Fahrt von Recife
nach Campina. Ich fange die Flüssigkeit mit
meiner Zeitung auf, in der ich nur einen Artikel über die kommende Wahl des Präsidenten

im Oktober gelesen hatte. „Fertig!" sagt er, als nichts mehr herauskommt.

In João Pessoa angekommen nehmen wir ein Taxi zum Strand Cabo Branco, der eine kleine Bucht bildet, dann einen Knick macht und in den Praia do Seixas mit dem östlichen Punkt Amerikas übergeht. Unser Hotel liegt zwischen der Küstenstraße - der Avenida Cabo Branco - und einem schmalen Streifen der Floresta Atlantica, des Regenwaldes, der sich einst an der ganzen Küste Brasiliens entlangzog. Wo sich Küstenstraße und Waldstreifen treffen, geht letzterer in eine rotsandige Steilküste über. Wir bekommen zwei Zimmer gezeigt und sind erst wenig begeistert. Die ungeschickt ausgewählten und verlegten Bodenfliesen machen einen schmuddeligen Eindruck, der sich aber nicht bestätigt. Zur vorübergehenden Antipathie dem Zimmer gegenüber trägt zunächst auch der verrostete Kühlschrank bei, der zentral und ins Auge stechend in der Mitte der Zimmerkonsole platziert ist bei. Aber wenn man sich an diese optischen Gemeinheiten gewöhnt hat, entdeckt man die Vorteile des Zimmers und den

Charme des Hotels. Es ist in zwei Gebäudeteilen zweistöckig angelegt. Wahrscheinlich wurde es in den 50er Jahren errichtet, denn eine Gedenktafel verkündet, dass 1961 der brasilianische Präsident für ein paar Tage hier residierte.

Der ausladende Hof ist liebevoll bepflanzt. Alte Kokospalmen und Obstbäume wechseln sich mit Büschen und Topfpflanzen ab. Wir beziehen ein Zimmer im Erdgeschoss, über dem sich eine mit bunten Kacheln geschmückte Balustrade erhebt, die mit einer eisernen Wendeltreppe erreichbar ist und von der aus die Zimmer des Obergeschosses zugänglich sind. Ein mit den traditionellen halbrunden Ziegeln gedecktes Schrägdach, das leicht über die Balustrade gezogen ist, schließt das charmante Ensemble ab. Von hier aus kann man zum Strand hinübersehen. Unterwegs hatte es noch etwas genieselt, jetzt scheint die Sonne und lässt die Wellen glitzern. Das Zimmer ist groß und mit den üblichen technischen Geräten ausgestattet: Klimaanlage, Fernseher, Kühlschrank und Telefon. Leider sind die Matratzen durchgelegen.

Ein Fenster zeigt zum Hotelgarten., auf der anderen Zimmerseite gibt es eine verglaste Kammer mit Oberlicht, die wie ein zweites Fenster wirkt und in der man Wäsche aufhängen kann.

Wir gehen im nahegelegenen Restaurant Olho de Lula essen. Es besteht aus einer verglasten Holzterrasse und macht mit weißen Tischdecken und exponiert platzierten Weinflaschen darauf aufmerksam, dass hier nicht in der unteren Preisklasse abgespeist wird. Wir bestellen Bier, Guaraná für G und gegrilltes Filet, das in Stücken am Spieß serviert wird. Dazu gibt es Pommes und Reis, also nicht die typischen nordöstlichen Beilagen. Das Filet ist butterweich und schmeckt hervorragend. Solches Aroma entwickelt auch das teuerste deutsche Fleisch nicht. G lutscht ausgiebig eine Limette aus und isst Reis und Pommes und etwas Wurst, die mit auf dem Spieß ist. Fleisch kaut er meist nur durch und spuckt es dann wieder aus. Wir bestellen noch ein Bier und bezahlen schließlich fast 70 Reais, für den Nordosten Brasiliens ein stolzer Preis. Aber es hat sich gelohnt.

Nachdem G geschlafen hat, machen wir einen Spaziergang an der Strandpromenade. Sie ist seit unserem letzten Besuch vollständig erneuert worden und besteht jetzt aus Platten von beigem, sandgelbem und pastellbraunem Reliefmarmor. Die Platten sind allerdings so dünn und teilweise schlecht verlegt, dass bereits einige Schäden zu registrieren sind, die auch nicht repariert werden. Über ein tieferes Loch wurde einfach ein großer Stein gelegt, so dass niemand hineintreten kann. Wenn erst mal Kabel und Rohre verlegt werden, wird die schöne Promenade wahrscheinlich vollends zerstört, denn meist wird der Untergrund ohne Rücksicht auf das Material aufgebrochen und anschließend mehr schlecht als recht mit Zement zugeschmiert, der in der nächsten Regenzeit anfängt zu bröckeln.

Die Restaurants in dieser Gegend und sogar die mit Kokosfaser gedeckten Standhütten sehen sehr nobel aus. Eine davon gehört schon vom Namen her zum Olho de Lula, die anderen wahrscheinlich auch, wenn man nach dem Besitzer fragt. Die Hütten werden neuerdings wenn die Kokosfasern verwittert sind, mit Wellasbest gedeckt, der braun, grün oder gelb angestrichen wird, eine sowohl was optische, als auch gesundheitliche Unversehrtheit betrifft bedenkliche Entwicklung. Das Gesamtbild der Strandprmenade hebt sich stark vom Tambaú-Strand ab, wo wir das letzte Mal residierten und der zwar einen bunteren aber auch schrilleren und gefährlicheren Eindruck machte. Hier gehen wir auch abends noch einmal spazieren, ohne Gefahr zu spüren, alles ist ruhig und gediegen. V fährt mit dem Taxi zum Pão der Açucar - Supermarkt und kauft Essen, Getränke und Windeln. Auch die Época bringt sie mit, den brasilianischen Ableger des Focus, der im Gegensatz zur Veja noch zu haben. Die Zeitschrift zitiert sich selbst nach dem Motto: „In einem Interview mit dem deutschen Journal Focus sagte die Schauspielerin ..." Sehr geschickt eingefädelt.

Abends essen wir in einer der noblen Strandhütten eine Krabbensuppe, die hier hervorragend schmeckt, wenn man die warme salzige Luft des Meeres auf der Zunge hat und ein gekühltes Bier dazu trinkt. Wir laufen noch ein ganzes Stück in Richtung Tambaú hinunter. Gupa singt „Meine Blümchen haben Durst." und wird dabei immer lauter, bis der Gesang in Sprechgesang und schließlich in Schreien übergeht. Als wir schon überlegen langsam umzukehren, fängt es an zu regnen. Wir stellen uns an einer der Strandhütten unter. Zum Glück hält der Regen hier an der Küste im Gegensatz zu Campina immer nur ein paar Minuten an. Dann können wir weitergehen, bevor uns der nächste Regenguss zum Unterstellen zwingt. In Etappen kommen wir zurück zum Hotel, wo wir alle erschöpft einschlafen. G hat ein Babybett bekommen, in das ein Mosquiteiro integriert ist, aber es gibt nur wenige Mücken und so kommen wir alle bald in einen ruhigen Schlaf.

Am Donnerstag Morgen werde ich durch die Geräusche eines Straßenbesens geweckt. Sofort habe ich das Bild de putzenden Nena im Kopf und denke, ich bin noch in Campina und habe nur von João Pessoa geträumt. Als ich mich umsehe wird aber klar, dass ich mich doch im Hotel befinde und der Portier offensichtlich die gleiche Angewohnheit des morgendlichen Hoffegens hat, wie die Tante in Campina. Das Frühstück ist einfach. Es gibt Rührei, Cuscuz, Brötchen, Käse und Früchte. Mir reicht das, zu Vs Enttäuschung fehlen aber die Küchchen und Kekschen. G isst reichlich Rührei und trinkt trotzdem im Zimmer noch seine Milchflasche aus.

Wir gehen an den Strand, es ist noch früh und windig und wir unterschätzen die Kraft der Wintersonne. Nur G cremen wir richtig ein, uns selbst nur sehr oberflächlich, was wir mit einigen verbrannten Stellen bezahlen. G bleibt davon glücklicherweise verschont. Wir gehen baden und bauen eine Kleckerburg mit Swimmingpool für Gupa. Als wir zurückkommen ist mir schon klar, dass wir zu lange in der Sonne waren, Oberschenkel und Teile des Rückens werden bereits rot, später fangen sie an zu brennen und müssen mit Kühlgel und Cremes versorgt werden. Das ist mir schon lange nicht mehr passiert, da ich vor der Sonne eigentlich großen Respekt habe.

Wir kaufen eine Wäscheleine, Seife und Klammern in einem kleinen nahegelegenen

Markt, damit wir in der Área unseres Zimmers Wäsche zum Trocknen aufhängen können. Gupa bekommt Luftballons, alle etwas zu trinken. Wir setzen uns an der Strandpromenade in den Schatten und genießen kalte Cola und Guaraná, während wir einige von Gupas Luftballons aufblasen, die der Wind irgendwann wegträgt, der hier am Strand angenehm stark weht. Der Strand ist angesichts dieser kühlenden Briese, welche die Brasilianer auch bei 26 Grad frösteln lässt, gähnend leer. Wir haben im Markt eine Telefonkarte gekauft und V geht ihre Verwandten und Bekannten in der Stadt anrufen. Ihr Bruder will gleich vorbeikommen, aber V sagt, er soll sich nicht beeilen, weil G gerade schläft. Das nimmt er wörtlich und lässt uns fast vier Stunden warten, in denen wir G schlafen lassen.

Neto bringt uns zu seinem Haus, wobei er unentwegt mit dem Handy telefoniert. Er hat am Eingang eine Garage gebaut, die gleichzeitig als Trainingsplatz für Jiu-Jitsu dient an den Wänden sind Graffitis und der Schriftzug „Instrutor Neto". Tatsächlich gibt er für die

Kinder und Jungendlichen hier Gratisstunden. Im Haus haben sie Bodenfliesen verlegt, was den Eindruck schon verbessert, die Wände sind allerdings immer noch ungestrichen. Der Traum vom zweiten Stock scheint so langsam aufgegeben zu werden, man denkt über einen Anbau nach vorne nach. Auf dem linken und hinteren Grundstück wurden dreistöckige Häuser gebaut, deren Mauern genau auf die Grundstücksgrenze gesetzt sind, was Netos kleines Häuschen etwas eingezwängt erscheinen lässt. Er hat Glück, dass rechts das Haus seiner Mutter steht, die ihn wohl nicht weiter einbauen lassen wird.

Es wird das „Kabelfernsehen" (TV a cabo) vorgeführt, wie hier das Pay-TV genannt wird, obwohl man es über Satellitenantenne empfängt. 150 Reais bezahlt man dafür im Monat und kann zwischen 80 Sendern wählen. Es läuft gerade ein Harry-Potter-Film, der schon seit einigen Tagen immer wieder gezeigt wird und den zwar alle Familienmitglieder nach eigenem Bekunden immer wieder gucken, ihn aber noch nie in Gänze gesehen haben. Auch jetzt geht Neto bald zu seiner Jiu-Jitsu-

Anlage, weil das Training beginnt, Bethania und die Kinder setzen sich ein paar Minuten vor die Glotze, dann essen sie Abendbrot und kommen wieder zurück. So sehen sie den Film in Schnipseln, die sich vielleicht irgendwann zu einer Geschichte zusammenfügen, wenn es wahrscheinlich auch nicht die gleiche sein wird, die der Regisseur eigentlich erzählen will. Das ist selbstbestimmtes Fernsehen.

Auch ich sehe mir den Film nicht zuende an und gehe mit Gupa zur Trainingsanlage. Die Jiu-Jitsu-Anhänger sind alles nette Kerle, denen ich im Dunkeln aber wohl aus dem weg ginge, wenn ich sie nicht kennen würde. G will auch auf die ausgelegten Matten und darf Netos Sohn Alex ein paar Mal umschubsen, was ihm sehr gefällt. Es folgt ein etwas einfallsloses Aufwärmen (im Kreis rennen und Liegestütze). Das Kampftraining sehen wir nicht mehr, denn Vs Vater ist aufgetaucht und bringt uns zu seiner neuen Fazenda, die nur über Sandwege zu erreichen ist und noch nicht von der Post bedient wird. Hier hält er zwei Straußenpärchen, die zu einer großen und ertragreichen Zucht werden sollen. Im Wohnzimmerschrank wohnt eine Katzenfamilie, deren Babys Gupa streicheln darf, nachdem er seine Scheu überwunden hat.

Auch Vs Schwester wohnt jetzt mit ihren zwei Töchtern in dieser abgelegenen Gegend. Die ältere (7 Jahre) besitzt bereits wie ihre Mutter ein Fotohandy, was sie auch ausgiebig nutzt (zum Telefonieren und Fotografieren), was wiederum V sichtlich nervös macht. Nicht dass sie das Klicken und Erzählen stören würde, denn hier redet sowieso jeder durcheinander. Vielmehr macht sie sich Sorgen um die Kosten und möglicherweise daraus entstehende Schulden. Ich bin derlei aus Hellersdorf gewohnt und bleibe gelassen. Schließlich werden wir ins Hotel zurückgebracht. Es ist bereits nach neun, aber G hat nachmittags lange geschlafen und wir machen noch einen kleinen Spaziergang. Als wir an der Standpromenade entlanglaufen, sagt Gupa plötzlich „Carne" (Fleisch) und „Mittag essen!" „Mittag essen!". Wir setzten uns also ins Restaurant an einer der Strandhütten und genießen wieder die Krabbensuppe, von der Gupa aber nichts haben will. Wir bestellen frittierte Maniok, von der er isst. Die „Maniok Frittes" kennt er vom sudanesischen Imbiss in der Grünberger Straße, wo sie aber längst nicht so saftig und knackig sind wie hier. Dort werden die Maniokstücken eingefroren angeliefert und direkt aus dem Gefrierschrank in die Friteuse geworfen. Sie behalten dabei zwar ihren typischen Geschmack, werden aber etwas trocken.

Am Freitag laufen wir bis zum Touristenzentrum in Tambaú. Hier sehe ich mit Gupa in die E-Mail, während V einen Obstkorb für ihre Bekannten kauft, die sie nachmittags besuchen will. Es sind wieder etliche Müll-Mails vorhanden. Alexandra fragt, ob wir G zu ihrer Hochzeit mit Kai am 09.09. in Braunschweig mitbringen, um die Festlokalität entsprechend vorbereiten zu können. Ich schreibe, dass wir G wohl in Rathenow lassen werden und wahrscheinlich mit Christian mit dem Wochenendticket der Bahn anreisen. Ich sende die Mail als Kopie an Christian, da er von diesem Plan noch nichts weiß. Eine Rundmail eines ehemaligen Kollegen, der mich immer noch im Verteiler hat ist im „Postfach", ich beantworte sie „An alle" mit den üblichen neiderheischenden Ansichtskartentexten. Frank Haunschild, der mich zum zweiten Mal bittet, ihn zum Bundeskongress der Jungen GEW in Rotenburg vom 15. bis 17. September zu begleiten, schreibe ich, dass ich gerne mitkomme, aber zur Zeit keine Anmeldeformalitäten erledigen kann, da ich dekadenterweise einen Monat lange in Brasilien verbringe. Die Kürze meiner Texte begründe ich damit, dass G mir beim Schreiben „hilft", wobei einige ungelesenen und noch nicht fertiggestellte E-Mail verschwinden. Der Rest wird „als Spam gemeldet" und gelöscht. Auch eine Mail der Hans-Böckler-Stiftung, von deren Stipendium ich lebe mit dem Betreff „Vermögenserklärung" ist dabei. Ich lösche sie spontan, weil ich mich damit jetzt nicht beschäftigen will. V kommt zurück und schreibt eine Mail an Conchi. Ich rufe meine Eltern an, die sich sehr freuen. Sie waren am Wochenende an der Ostsee, aber es war stürmisch und sie durften nicht baden gehen.

Wir gehen zur Post, wo es keine Schlange gibt und wir endlich unsere Karten nach Deutschland und Spanien abschicken können. Wir fahren zurück und trinken an der Strandpromenade Kokoswasser direkt aus der Schale, ein Genuss der das Wohlbefinden befördert und einmalig und - wenn man aus Deutschland kommt - exklusiv ist. Zum Mittag essen wir in einer der besseren Strandhütten Fisch, der in einer Soße aus Tomaten, Zwiebeln und Möhren gekocht wurde. Er ist ganz passabel, noch besser schmeckt aber der „Pirão de peixe", eine mehlige dicke Fischsoße, die mit dem Reis vermischt gegessen wird.

V fährt mit G und ihrem Obstkorb zu Bekannten, während ich wie bereits erwähnt im Hotel bleibe und das Diario aktualisiere. Als V zurückkommt, hat sie viel zu erzählen. Sie war bei der Mutter ihres Ex-Freundes und deren Freundin, die wir letztes Jahr schon besucht haben. Auch deren Tochter, die Fernsehmoderatorin Rosangela war dabei sowie die Frau von Vs Ex-Freund mit ihrem Sohn. Letztere ist offensichtlich unerhört eifersüchtig darauf dass die alten Damen V mehr ins

Herz geschlossen zu haben scheinen als sie. Das dürfte eine interessante Unterhaltung gewesen sein.

Wir fahren mit dem Taxi zu „Picanha de Ouro". Dort bestellen wir ein Picanha vom Grill, das dort am Spieß zubereitet wird und immer wenn das Äußere durchgegrillt ist an den Tisch gebracht und mit einem Großen Messer abgeschnitten und anschließend wieder auf den Grill gelegt wird. Dazu gibt es alle typischen Beilagen: gekochte Maniok, Reis, Kartoffelsalat, Pirão de Queijo (mehlige Käsesoße), Feijão Verde (grüne Bohnen), Farofa (Maniok-Mehl), Farofa mit gehäckseltem Fleisch und Vinagrette (Zwiebel-, Tomaten- und Paprikastückchen mit Blattpetersilie in Essig). G isst wie immer hauptsächlich Reis und trinkt Guaraná direkt aus der Dose, eine Technik, die wir ihm einmal unterwegs gezeigt haben, als kein Becher zur hand war und die ihm so gut gefällt, dass er sie jetzt auch anwenden will, wenn es eigentlich Gläser gibt.

Wir überlegen noch einmal, ob wir vielleicht doch noch ein Auto mieten, denn uns gegenüber leuchtet die Reklame von „Localiza", einer großen Autovermietung. Angesichts der Neuen Gelassenheit entscheiden wir uns aber dagegen, um den Stress des Anmietungsvorgangs und vor allem der Wegeplanung zu vermeiden, die hier sicher nicht einfach ist, da die meisten Straßen Einbahnstraßen sind. Auch der Taxifahrer, der uns wieder zum Hotel bringt, entschuldigt sich, als wir nach zwei Minuten Fahrt wieder am „Picanha de Ouro" vorbeikommen, aber die Einbahnstraßen zwängen ihn dazu, im Bogen zu fahren. Wahrscheinlich weiß er, dass die Taxifahrer inzwischen im Generalverdacht stehen, unnütze Extratouren mit den Fahrgästen zu machen, um den Preis in die Höhe zu treiben und will diesen Verdacht nicht bei uns aufkommen lassen.

In der Nacht wache ich mit Scherzen an meinem Weisheitszahn auf. Das Zahnfleisch um ihn herum hat sich entzündet und ist angeschwollen. Ich putze mit der Zahnbürste herum, aber es wird nicht besser. Es ist vier Uhr morgens und V wird auch wach. Es ist Samstag, der 12. August 06. V geht mit mir in den Hotelgarten und wir beobachten die Sterne und den Mond, später die aufgehende Sonne. Wir legen uns noch ein bisschen hin, bevor wir zum Frühstück gehen. Die Eintönigkeit des Essens langweilt uns allmählich. Es gibt immer wieder Cuscuz, Rührei, gebratene Wurstscheiben, Brötchen und Käse. Auch die Säfte sind immer die gleichen: Guave und Papaya (Mamão, die große Brust). Letztere gibt es auch in Stücken als Obst, das ich aber aufgrund seiner verdauungsbeschleunigenden Wirkung nur selten esse, bzw. den Saft trinke. Ansonsten gibt es als Obst nur Wassermelone, die jetzt in der Regenzeit ihrem Namen alle Ehre macht. Schon ihre zartrosa Farbe lässt meist erkennen, dass sie wenig aromatisch ist und eben wässrig schmeckt.

V will mir ein entzündungshemmendes Medikament besorgen, was ich zunächst abgelehnt hatte, als sie es trotzdem kauft aber brav einnehme. Auf der Schachtel steht: Verkauf nur unter ärztlicher Verschreibung. Den Beipackzettel lese ich mir lieber gar nicht durch. Wer weiß für was die Nebenwirkungen noch gut sind. Ich denke an meinen ehemaligen Kollegen Herbert Büttner, einen netten Kerl um die 50, der einmal so eine Zahnfleischentzündung verschleppt hatte, bis Wange und Hals dermaßen angeschwollen waren, dass er eine kleine Operation über sich ergehen lassen musste. Auch ich hatte an der gleichen Stelle (Unterkiefer rechts) schon mehrmals eine Entzündung, woran ich mich jetzt erinnere. Ich hatte das nie beachtet und einfach gewartet, bis es wieder weg war. Mein Zahnarzt stellte mir irgendwann eine Überweisung zum Chirurgen aus, ohne dass ich ihm von den Entzündungen erzählt hatte. Ich solle den Zahn lieber ziehen lassen.

Das hatte ich natürlich nicht gemacht, da ich das gar nicht als Problem registrierte. Bis dahin hatte ich noch nicht mal gewusst, dass ich einen Weisheitszahn habe und auch dann beunruhigte mich diese Vorstellung nicht gerade. Jetzt machen mich der Schmerz und das Medikament schlapp. Ich realisiere langsam, dass es wohl doch besser sein wird, den Zahn ziehen zu lassen, wenn wir wieder in Deutschland sind. Der Körper verkraftet solche Entzündungen immer schlechter und wie ich bei meinen Eltern sehe, kommen noch genug Zipperlein auf mich zu, da kann ein bisschen Prävention nicht schaden, wenn man den Schmerz vorzieht und dann zumindest an dieser Stelle Ruhe hat.

V wird um 11 Uhr von ihrem Vater abgeholt. Ich fühle mich immer noch nicht gut, auch wenn der Schmerz jetzt weg ist und gehe deshalb nicht mit. Ich bin matt und in solchen Momenten bin ich mürrischer, als ich es sein möchte und mich zu anderen Menschen zu gesellen, zu denen ich nicht mürrisch sein darf, kostet mich noch mehr Kraft als sonst. Ich bleibe im Bett liegen, lese die Época und sehe fern. Eine „Humorista" erzählt auf einem regionalen Sender Witze. „Ein Mann kommt zum Urologen und meint, er habe einen Blasenstau, könne seit Tagen nicht Wasserlassen. Der Arzt fragt ihn wie alt er ist. 92 Jahre, sagt der Patient. Dann hast Du in Deinem Leben schon genug Wasser gelassen, jetzt brauchst Du nicht mehr pinkeln, sagt der Arzt. Hahahahaha (Erzählerin und Moderator)." Das gleichbleibend niedrige Niveau der zwei folgenden Witze zerschlägt leider meine Vermutung, ich hätte vielleicht etwas nicht verstanden, oder die Pointe verpasst. Ich schalte schnell um. Nachmittags setze ich mich an den Computer und aktualisiere das Diario. Ich gehe nur kurz raus, es regnet den ganzen Tag immer wieder.

Montag, 14. August 2006, Computerzeit 19.45

G und V halten Mittagsschlaf. Ich höre die „Heroes" von David Bowie, eine wunderbare Scheibe. Ich hatte den Jugendlichen, die ich bei Globus betreut habe, mal das Video vom Film „Christiane F." gezeigt. Sie meinten bei der Nachbesprechung, der Film wäre ganz o.k. gewesen, aber die Musik habe total genervt. Vor kurzem habe ich mir den Film noch einmal als DVD gekauft und ihn mir zusammen mit V angesehen, die ihn auch kannte, denn er war zu ihrer Zeit Pflichtprogramm in der Schule, wahrscheinlich innerhalb eines Programms zur Drogenprävention, denn die

Musik dürfte den herrschenden Militärs – wenn auch aus anderen Gründen - genauso wenig gefallen haben wie den von mir betreuten Jugendlichen.

Am Freitag bringen Vs Bruder und Familie sie und Gupa um 19 Uhr wieder zurück ins Hotel. G schläft bereits, er hat angesichts der Aufregung keinen Mittagsschlaf gemacht, sondern nur mit Alex, Cristian („Vito") und Douglas gespielt. Bruna, die Zweitgeborene - erkennbar am zweiten Buchstaben des Alphabets als Anfangsbuchstabe des Vornamens - hält sich immer dezent zurück, sitzt eigentlich nur mit verschränkten Armen herum und macht den Mund nur auf, um ihren Brüdern den Mund zu verbieten. Die Pubertät fordert ihren Tribut.

Wir gehen früh ins Bett, Gupa schläft bereits, V ist müde von den Verwandtenbesuchen und ich bin immer noch etwas beeinträchtigt von Entzündung und Entzündungshemmer. Wir werden am Sonntag wieder um 4 Uhr morgens wach, V mit Bauchschmerzen und ich mit noch geschwollenerem Zahnfleisch. Wir gehen wieder hinaus in den Hof, hören aber bald G rufen, der aufgewacht ist, als wir die Tür zugemacht haben. Er ist schon aus seinem Babybett geklettert und somit auch wach. Mein Zahnfleisch schwillt überraschenderweise schnell ab. Wir gehen zum Meer und sehen uns den Sonnenaufgang an. Langsam erhebt sich der große Stern, nur silhouettenhaft erkennbar hinter einem Wolkenschleier. Der Schleier reißt auf und das Meer wird durch einen goldenen Strahl geteilt. Als wolle er einen Weg zum Horizont markieren, glitzert er auf den Wellen.

„Da: Licht an!", fasst G die Situation in weniger pathetische aber genauso treffende Worte, ist aber ebenfalls sichtlich ergriffen von diesem Moment. Auf dem Weg zur Straße ist der Sand mit Kriechpflanzen bewachsen, in denen Dutzende Schnecken leben. Sie haben die Größe der deutschen Weinbergschnecken, ihr Haus ist aber dunkler und nach oben hin spitz. Wir zeigen G, wie sie die Fühler einziehen, wenn man sie leicht mit dem Finger berührt. V fragt G, ob er auch mal seinen Finger annähern will, nachdem er zunächst bejaht, sträubt er sich aber mit Händen und Füßen, als sie ihn an die Schnecken heranführen will. „Na Angst!", sagt er in einem vorwurfsvollen Ton, der fragt wie wir als Eltern nur so unsensibel sein können.

Nach dem immer gleichen Frühstück gehen wir wieder an den Strand und baden in Sonnencreme. Die vorbeikommenden Brasilianer schmunzeln in sich hinein, denn die deutsche Kindersonnencreme, die wir alle benutzen, ist nicht transparent und lässt die weiße Haut noch mehr Licht reflektieren. V hat einen weißen Handabdruck von G auf der Schulter. Sie hatte ihn gestern eine ganze Weile auf dem Arm gehalten und seine sonnencremegeschützte Hand hatte die Strahlung abgehalten, wodurch der Abdruck weiß blieb, während die Umgebung auf der Schulter rotbraun wurde. Er hatte sich eine ganze Zeit an der gleichen Stelle „festgekrallt", weil V mit den Beinen im Wasser stand und er Angst hatte hineinzufallen. Trotzdem blieb er gerne in dieser Position und freute sich, wenn die großen Wellen kamen.

Diesmal ist die Sonne die ganze Zeit von Schleierwolken verdeckt, was uns sehr entgegenkommt. So wird die Strahlung etwas abgemildert und wir können trotz vorgeschädigter Haut über eine Stunde am Strand bleiben. Wir bauen wieder Swimmingpools und Burgen mit Gupa, hinterlassen Fußspuren und beobachten, wie sie wieder weggespült werden, gehen baden in dem angenehm frischen Wasser. Die Wellen sind hoch und spülen eine dichte Gischt an Land. „Da: Shampoo.", sagt G, aber es sind nicht die Seifenreste der Kanalisation, was man daran sieht, dass sich der Schaum nur auf dem Wasser hält und sofort zerfällt, sobald er den Sand berührt.

Um zehn Uhr sind wir wieder im Hotel und G schläft sofort ein. Auch als Vs Cousine Patricia um halb eins vorbeikommt, schlummert er noch. Wir unterhalten uns eine Weile im Zimmer. Patricia erzählt von ihrem letzten Job, in dem sie als Büroleiterin einer Telefonfirma nach Recife geschickt, dort aber als Frau und „Hinterwäldlerin" diskriminiert und gemobbt wurde und schließlich froh war, als ihr gekündigt wurde. Langsam wird G wach und nimmt zögerlich Kontakt zur Besucherin auf. V unterhält sich weiter über Jobs und die liebe Familie, während ich mich mit G beschäftige. Wir spielen auf dem Hof Ball und als G eine Frau unter die Dusche am Pool gehen sieht, sagt er: „Auch Haare nass machen!", obwohl er das eigentlich strikt ablehnt und zwar immer gerne mit Wasser in Berührung kommt, aber normalerweise stets präventiv fordert: „Haare nicht!". Den Kopf gesenkt, die Augen eingekniffen und mit dem Mund das Wasser wegprustend steigt er unter die Dusche und hält dort eine ganze Zeit aus.

Um 15 Uhr fahren wir ins Restaurant „Toca do Cajú". Hier gibt es heute Feijoada und Grillfleisch, erstere haben wir bei diesem Besuch noch gar nicht gegessen, obwohl dieser Eintopf aus schwarzen Bohnen mit viel fettem Fleisch und Wurstscheiben für uns zu jedem Brasilienbesuch einfach dazugehört. Wenn wir planen, was wir auf der Reise alles machen werden, steht das Feijoada-Essen an erster Stelle. Während der dreieinhalb Monate in São Paulo gingen wir jeden Sonntag in ein nahegelegenes Restaurant, um die dort kredenzte hervorragende Feijoada zu genießen. Es gibt ein „Selfservice"-Buffet, an dem man sich wie der Name schon sagt selbst bedient und dann den Teller auf eine Waage stellt, wo das Gewicht in den Essenspreis umgewandelt wird. V und Patricia reden immer noch unentwegt. Ich gehe mit G in den Spielbereich der dazugehörigen Pousada. Wir spielen Snooker, G hält sich einem Spielhäuschen auf, wo er die Fenster schließt und öffnet und freudig „Hallo!" ruft. Er entdeckt Tischtennisschläger und sagt: „Peng-Ball spielen!". Ich sage, wir hätten keinen Ball, er überlegt und zeigt zwischen Zeigefinger und Daumen einen imaginären Ball, den er „hochwirft" und „Peng-Ball!" sagt. Ich pariere und schlage den Ball zurück und sage ebenfalls „Peng". So geht es weiter, bis Gupa sagt „Oh, weg" und den „Ball" aus dem Aus holt, damit das Spiel weitergehen kann.

Um 17 Uhr sind wir wieder zurück und die Konversation hat ein Ende. Wir verabschieden uns und Gupa beobachtet das Ritual der „Küsschen", wobei man sich auf beiden Seiten mit der jeweils gleichen – also gegenüberliegenden - Wange berührt und dabei ein Kuss-geräusch macht. Auch er fordert das von Patricia ein, die ihm den Wunsch gerne erfüllt. Wir gehen noch kurz an den Strand zum „Agua grande", aber es fängt an zu nieseln und wir begeben uns zurück ins Hotel. Wieder schlafen wir früh ein und wachen diesmal erst um 7 Uhr auf. Meine Schwellung ist wieder stark, der Schmerz allerdings geringer und beides verschwindet wieder fast gänzlich nach wenigen Minuten nach dem Aufstehen.

Ich hatte einen seltsamen Traum, den ich versuche zu vergessen, indem ich V wachmache. Ich war mit jemandem in eine neue Wohnung gezogen und während wir uns zunächst im Wohnzimmer ausbreiteten, renovierten wir die anderen Zimmer. Im für mich bestimmten Raum riss ich einige Rigipsverkleidungen von den Wänden. Dahinter kamen Regale mit diversen Aquarien zum Vorschein, in denen in Alkohol eingelegte tote Tiere zu sehen waren. Man hatte ihnen zuvor die Haut abgezogen, Sehnen und Muskelstränge waren deutlich rot zu erkennen, etwa wie in den Gruselausstellungen der „Plastinate" von Hagens, die V zusammen mit meinem Vater besuchte, da sie sich als Physiotherapeutin für den anatomischen Aspekt interessierte, ich einen Besuch aus ästhetischen Empfindungen heraus aber strikt ablehnte. Im Traum riss ich weiter die Zwischenwände heraus und es kamen immer neue Aquarien zum Vorschein. Mein Mitbewohner sagte: „Lass uns lieber aufhören, bevor die menschlichen Teile auftauchen." Ich wusste nicht, ob das ein Scherz war oder eine ernst gemeinte Aufforderung zur Flucht und zum Auszug aus der Wohnung. Jedenfalls aber wusste ich, dass mir hier irgendetwas begegnet war, dem ich nicht so leicht entkommen würde. Aufwachen.

Albträume sind nichts ungewöhnliches für mich. Seit frühster Kindheit begleiten sie mich und lassen mich irritiert in den neuen Tag gehen. Nachdem ich die uralte Erstverfilmung von King Kong gesehen hatte, verfolgte mich der Riesenaffe fast jede Nacht. Ich sitze dabei in unserer Wohnung in Rathenow und spüre die rhythmischen Erschütterungen und das dumpfe Stampfen, welche die Annäherung des Monsters ankündigen. Meine Flucht führt mich regelmäßig in Richtung des Waldes über die freie Fläche, die rasenbedeckt ist und leicht abschüssig, so dass wir sie im Winter zum Schlittenfahren benutzten. Bereits vor der Ankunft im Wald wird das Stampfen ständig lauter und schneller. Ich renne weiter in Richtung Wald und weiß, dass ich ihn nicht erreichen werde. Aufwachen.

Oder: Ich gehe einen einsamen Weg entlang und beginne mich im Laufen springend abzustoßen. Meine Schritte werden immer länger, schließlich lege ich mit einem Schritt mehrere Meter zurück. Ich springe schrittweise weiter und freue mich zunächst, wie schnell und leichtfüßig ich mich fortbewege. Plötzlich merke ich, dass auch die Höhe meiner Sprünge zugenommen hat und ich seit einiger Zeit keinen Boden mehr unter den Füßen hatte. Ich sehe nach unten und realisiere, dass ich soweit oben über dem Boden schwebe, dass ich unmöglich lebend wieder unten ankommen kann. Aufwachen.

Wieder gehen wir baden, zuerst in Sonnencreme, dann im Atlantik. Ich finde eine Koralle und der Sammlerinstinkt meldet sich in mir. Man muss sich eine Stelle suchen, kurz bevor sich die Wellen brechen, dort wo man hin- und hergezogen wird von kommendem und zurückkehrendem Wasser. Hier sammeln sich auch abgestorbene Pflanzen und eben die Korallen. Wenn man mit dem Fuß auf etwas hartes tritt, ist es hier fast immer eines der Korallenstücke, die meistens schon rundgeschliffen sind vom ewigen Hin und Her der Wellen, Steine gib es hier kaum. Die Korallen sind meist kalkweiß oder -grau, einige sandsteinfarben, einige schimmern amethystviolett bis hin zu karminrot. G sitzt am Strand und spielt mit den „Pedras", die meine beiden Schuhe füllen. Ich betrachte meine Sammlung noch einmal. Wenn das Wasser getrocknet ist, verlieren die Korallen einiges von ihrem Glanz. Ich fordere G auf, sie zurück ins Meer zu werfen, was er mit großer Freude macht. Nur zwei besonders schöne Stücke rettet V vor der Rückkehr in die Fluten.

Wir gehen zurück, duschen uns und cremen uns ein. Die Rötungen vom Donnerstag sind noch da, die Schmerzen nicht mehr. Auch löst sich keine abgestorbene Haut ab, es waren also noch keine Verbrennungen, wenn auch kurz davor. Ich bemerke, dass der Ausschlag, den ich seit Kindesjahren an den Oberarmen habe und er in letzter Zeit immer massiver geworden war, fast verschwunden ist. Sonne und Meer scheinen der Haut gut zu tun, natürlich nur in Maßen. Vielleicht ist es auch eine der diversen Cremes, die wir hier auftragen. Wir trinken wieder Kokoswasser auf einem schattigen Plätzchen an der Strandpromenade und holen uns ein Eis. Ich suche mir „Kibon Schokolade" aus, das am Logo als das in Deutschland als „Langnese" verkaufte Eis erkennbar ist und das sehr wässrig schmeckt, als würde man Kakaopulver nicht in Milch, sondern in Wasser auflösen.

Mittags fahren wir wieder ins Toca do Cajú. Wir genießen das Buffet und spielen mit G, diesmal mit einem echten Tischtennisball, der aber zu schnell bzw. zu klein für ihn ist, sodass wir ihn ständig vom Boden aufheben müssen. Auf der Rückfahrt lassen wir uns beim nahegelegenen Mercadinho absetzen und kaufen Getränke, einen Ball für G und ein Milcheis, das wir uns gleich an der Strandpromenade schmecken lassen. G und V schlafen anschließend, während ich diese Zeilen in den Computer hacke.

Dienstag, 15. August 2006, Computerzeit 17.29

V und G schlafen wieder, während ich am Computer sitze. Ich habe gerade ein paar Korrekturen und Ergänzungen an meiner Dissertation gemacht und widme mich jetzt dem Diario. Obwohl erst gut die Hälfte unseres Urlaubs vorbei ist, kommt bereits Endstimmung auf, morgen werden wir wieder nach Campina fahren, nächste Woche habe ich Geburtstag, am Tag danach treten wir bereits die Rückreise an.

Gestern Nachmittag liefen wir die Strandpromenade bis zum Strand von Tambaú entlang. Dort gibt es das Hotel Tropical Tambaú, dessen Zerfall ich im letzten Diario von 2004 geschildert habe. Es hatte einmal 5 Sterne, jetzt sind sie weg. Gegenüber herrscht wie jeden Abend buntes Markttreiben. Den Großteil des Angebots bildet das Artesanato (Kunsthandwerk). Hängematten, Keramik, Schnitzereien, Geflochtenes und vieles mehr werden feilgeboten. Diverse Stände haben sich auf die Zubereitung der Tapiócas spezialisiert, auf die es V abgesehen hat. Auf einer heißen Platte wird ein Fladen aus groben hellem Maniokmehl gebacken, der mit Käse, Kokos, Ei oder diversen anderen Zutaten gefüllt und einfach in der Mitte zusammengeklappt wird. V bestellt eine mit Käse gefüllte Tapióca und wir gehen noch einmal ins Internet sehen, wo es zwar viele aber kaum erwähnenswerte E-Mails gibt. Christian hat auf die als Blaupause geschickte Anfrage nach der Fahrt zur Hochzeit nach Braunschweig ebenso ökonomisch mit „o.k. Xian" geantwortet. Alexandra fragt, ob wir schon ein Hotel gebucht haben, was leider nicht der Fall ist. Ich hatte zwar ein paar Hotels im Internet herausgesucht und per E-Mail eine Buchungsanfrage geschickt, aber keine Antwort bekommen. Nach der Rückkehr habe ich also einiges zu organisieren, was zu wissen mich jetzt nervt. Außerdem beunruhigt mich jetzt doch die von mir beim letzten Mal spontan gelöschte Mail der Böckler-Stiftung. Was war mit Vermögenserklärung gemeint? Wollten sie jetzt an das für Vs zukünftige Physiotherapie-Praxis hart ersparte Geld heran? War ich jetzt als Promotionsstipendiat Empfänger von Sozialleistungen und musste mich offenbaren und wenn ich nicht arm war mein Geld verbrauchen oder die Promotion abbrechen? Ich suche im Intranet der Stiftung nach Hinweisen, finde aber nichts. Die Seiten sind unübersichtlich, kaum aktuell, es gibt nicht einmal eine Suchfunktion.

Ich weiß wirklich nicht, warum ich mir das überhaupt antue, in die E-Mails hineinzusehen statt unbeschwert den Urlaub zu genießen. Ich bin gereizt. Auf dem Rückweg holen wir noch einmal je eine Tapióca für mich und

V. Auch G isst mit. Wir haben zusätzlich ein Açaí bestellt, eine neue Mode, die aus einem Becher mit einem undefinierbaren Fruchtmus als Hauptbestandteil, Bananenscheiben und verschiedenem Getreide besteht. Das Fruchtmus schmeckt sehr gewöhnungsbedürftig, angeblich soll es ein „Kraftspender" sein, was hier wie vieles andere zweideutig ist und sich auch auf die „Manneskraft" beziehen kann. Ein Straßenkind kommt vorbei und sagt es habe Hunger und V spendiert ihm unser Açaí, worauf die Kellnerin gleich ankommt und fragt, ob es uns nicht geschmeckt habe. V druckst etwas herum, wir verdrücken uns schleunigst und essen die Tapiócas auf dem Rückweg weiter. Wir holen uns noch ein Eis und schlendern gemütlich und gelassen auf der Strandpromenade entlang, während wir in Tambaú ein unangenehmeres Gefühl hatten.

Heute morgen wachen wir wieder um 7 Uhr auf und gehen frühstücken. Die Köchinnen, die auch die Zimmermädchen sind, haben anscheinend Vs gestern geäußertes „Jeden Tag das Gleiche" gehört und sich Mühe gegeben, etwas zu variieren. Es gibt heute Tapiócas, allerdings ohne Füllung, gebratene Bananen, auch leckeren Açerolasaft und das Rührei ist mit gebratenem Käse gemischt. Meine Entzündung ist immer noch auf dem gleichen Stand, allerdings habe ich heute Nacht einigermaßen geschlafen. Wieder gehen wir baden, bis die Sonne um 9 Uhr zu heiß wird. Ich finde diesmal unter anderem eine abgestorbene Muschel, die sich auf einem rosa Quarz angesiedelt hatte und eine Koralle in Form eines Aschenbechers, beides nehmen wir mit.

Den Faktor-30-Sonnenblocker von der Haut zu bekommen ist immer eine Anstrengung. Man muss sich zweimal gründlich abseifen, um das Öl einigermaßen abzulösen. Wir spielen noch etwas Ball mit G, der aber bald müde wird und im gekühlten Zimmer schläft. Er trinkt zum Schlafen immer Maracujasaft, den wir aus Sirup mischen. Cajúsaft, den wir ebenfalls haben, lehnt er strikt ab, wahrscheinlich wegen des pelzigen Gefühls, den er auf der Mundschleimhaut hinterlässt. Als G aufwacht, fahren wir zu einem Restaurant, in dem es ein Rodízio de Churrasco gibt. Dabei wird Gegrilltes am Spieß an den Tisch gebracht und mit einem großen Messer abgeschnitten, bis der Gast abwinkt.

Zuerst kommt gerilltes Hühnchen auf den Tisch. Wir sind die einzigen Gäste, die am Rodízio teilnehmen, alle anderen lassen sich ihr Essen abwiegen und bezahlen 20 Reais pro Kilo. Am Buffet holen wir uns nur Salat und Feijoada, die hie aber etwas wässrig schmeckt. Zu Ausgleich lassen wir uns reichlich vom Spieß auftischen. Es kommen Lombo, Fraldinha, Contrafilet, schließlich das berühmte Picanha, Hühnerherzen lehne ich ab, indem ich nochmals zum Buffet gehe, als ich den Kellner mit dem entsprechenden Spieß kommen sehe. Wir lassen uns eine weitere Runde von allem abschneiden. Gerade haben wir beschlossen, beim nächsten Mal abzulehnen und die Rechnung zu verlangen. Obwohl der Kellner das nicht gehört haben kann, kommt er diesmal ohne Spieß an den Tisch und fragt, ob er unsere Teller abräumen kann. Kurze Zeit gibt mir mein Ehrgeiz ein, angesichts dieser Voreiligkeit zu verneinen und doch noch eine Runde kommen zu lassen, aber die Vernunft und das Bewusstsein, dass ich absolut nichts mehr herunterbekomme, lassen mich diesen Impuls schnell unterdrücken und dem Kellner zu verstehen geben, er könne die Teller gerne mitnehmen.

Wir fahren direkt weiter zu Vs Cousin Gilberto „Beto", seiner Frau und den zwei Kindern. Sie wohnen in Manaira in einer schönen Wohnung, die beim letzten Mal noch einen Meerblick hatte. Als sie die Wohnung kauften, war dieser Blick noch uneingeschränkt, denn die dritte Etage des dreistöckigen Hauses überragte alle anderen Häuser in dieser Gegend, meist ein- bis zweistöckige Einfamilienhäuser. Bei unserem letzten Besuch hatte bereits ein großer Teil dieser Familien ihre Grundstücke verkauft, um dem Bau von meist etwa zwanzigstöckigen Wohnhäusern Platz zu machen. Diesmal bilden diese bereits einen undurchdringlichen Wald, der wahrscheinlich weiter wachsen wird, bis auch das letzte kleinere Gebäude inklusive der dreistöckigen verschwunden ist. In der ersten Reihe vom Strand aus sind solche Bauten hier im

Gegensatz zu Recife nicht genehmigt, aber auch hier ist eine Entwicklung spürbar, welche darauf hinausläuft, die erlaubte Höhe von 5 Stockwerken in der Strandzone flächendeckend auszunutzen. Viele neue Hotelwürfel dieser Größe sind in den letzten Jahren entstanden, Gebäude mit Ambiente, wie die des Hotels, in dem wir jetzt wohnen, werden wohl leider auf absehbare Zeit verschwunden sein.

Beim Rodízio hatte ich noch das getrocknete Rindfleisch „Carne de Sol" vermisst. Jetzt brät Betos Frau große Stücke davon, worüber ich mich aber nicht richtig freuen kann, da noch anderes Fleisch vom Magen die Speiseröhre hinaufragt. Als Beilage gibt es Bohnen und gekochte Macaxeira – den ungiftigen Typ der Maniokwurzel. Die andere Sorte – Mandioca – ist nur als geröstetes Mehl („Farofa") genießbar, da ihr Saft Giftstoffe enthält, die aber im Laufe des von den Indios entwickelten Röstverfahrens verfliegen. Wir trinken Brahma-Bier, das dickflüssig gefroren ist und wie Ketschup aus der Flasche geschüttelt werden muss. Wie jeder hier in Campina macht uns Gilberto Vorschläge, wie wir uns hier ein Leben nach unserer „Rückkehr" aufbauen könnten. Aber selbst V träumt nicht mehr davon, nach Brasilien zurückzukommen. Wenn dann würden wir sicher nicht nach Campina ziehen.

Dienstag, 22. August 2006, Computerzeit 13.12

Ich habe das Diario einige Zeit vernachlässigt und muss jetzt fast eine Woche aufholen. Am Mittwoch Morgen wachen wir erst um 8 Uhr auf. Es regnet und wir können uns nicht mit einem letzten Bad vom Meer verabschieden. Nach dem Frühstück packen wir zusammen und lassen uns ein Taxi kommen, das uns zum Busbahnhof bringt. Wie üblich fragt der Fahrer, wohin wir wollen und bietet uns an, uns für 90 Reais nach Campina zu bringen. Aber das Taxi ist unbequem und wir entscheiden uns, den Bus zu nehmen. Die Sitze sind alt, die Stoßdämpfer ebenso und unser Koffer steht mit auf dem Rücksitz, da der Kofferraum von einer selbstgezimmerten Kiste mit mehreren 20-Zoll-Lautsprechern ausgefüllt ist. Das ist hier sehr beliebt, denn man kann das Auto vor einer Kneipe parken und den gesamten Stadtbezirk mit seiner Lieblingsmusik beschallen, während man sich Bier und Cachaça schmecken lässt.

Der Bus geht um 11 Uhr. Wir haben noch Zeit in der „Rodoviária", die baugleich mit der in Campina ist: Niedrige breite Betonbögen, die von einem flachen Wellblechdach überspannt sind, dunkel, viel nackter Beton und Plastik. Wir trinken noch eine Kokosnuss, es ist natürlich nicht das gleiche in diesem unwirtlichen Ambiente, wie an der Strandpromenade zu sitzen, das Meer rauschen zu hören und den salzigen Wind im Gesicht zu spüren. Ich werfe die nur halb ausgetrunkene Nuss in den Mülleimer. V kündigt telefonisch unsere Ankunft in Campina an. Diesmal reisen wir in einem zweistöckigen Bus. G schläft die ganze Zeit, während mein Sitznachbar ununterbrochen telefoniert. Wir überlegen, noch ins Shopping zu fahren, das in der Nähe der Rodoviária von Campina liegt, um Geld zu holen und Windeln zu kaufen, entscheiden uns aber doch dagegen, da es ziemlich unbequem geworden wäre, mit unserem Gepäck durch die Ladenwelt zu ziehen.

In Campina angekommen wirf V unsere Wäsche in die Waschmaschine, die wohl genauso alt ist wie sie selbst. Ein Riesenklotz der Marke „Brastemp". V erzählt, wie ihre Oma sich immer gegen die Anschaffung gewehrt und ihre Sachen auch danach noch mit der Hand gewaschen hatte, weil die Maschine „A Cebosa" die Sachen dreckig bleiben ließ. Besondere Waschkraft entwickelt sie tatsächlich nicht. Eine Neuanschaffung hätte sich schon gelohnt, auch wegen der niedrigeren Energie- und Wasserkosten. Allerdings ließen die Frauen die Maschine trotzdem bereits mehrmals teuer reparieren, statt sich von ihr zu trennen. V ist nahe daran, das zu kritisieren. Ich rate ihr, sich nicht einzumischen. Noch schlimmer wird ihr Gefühl des Unverständnisses, als die schönen alten Stühle, die ihr Opa selbst angefertigt hatte, weggegeben werden. Bereits bei unserem letzten Besuch waren sie wie im damaligen Diario geschildert, durch qualitativ schlechtere Fabrikmöbel ersetzt worden und hatten seitdem im Keller gestanden. Jetzt wurden sie an eine Schule gespendet, was Vs Herz sichtlich bluten lässt. Ich versuche, sie zu trösten.

Auf der Kommode in unserem Zimmer liegt ein Zettel, dass Edgard angerufen hat. Wir beschließen, ihm zu sagen, dass wir bei Vs Familie übernachten mussten, um sie nicht zu beleidigen – eine kleine Notlüge, um Edgard nicht zu beleidigen. V ruft ihn an und verabredet uns für morgen Abend mit ihm. Ich habe V oft gebeten, das zu tun und sie tat es schließlich obwohl sie keine besondere Lust dazu hatte. Ich selbst telefoniere nicht gerne, schon gar nicht in einer anderen Sprache. Irgendwie hinterlässt es bei mir immer ein ungutes Gefühl, nicht zu sehen, wie der andere auf mich regiert. Ich habe ständig den Eindruck, irgendwelchen Quatsch zu erzählen. Außerdem weiß man nie, ob es dem anderen jetzt überhaupt passt oder ob er in Zeitnot und genervt ist. Zudem muss man spontan reagieren und entscheiden und wenn man aufgelegt hat, kann man sich nicht mehr korrigieren. Entscheidungen zu treffen und spontan zu sein sind nicht gerade meine Stärken.

Am Donnerstag fahren wir noch einmal ins Shopping-Center und holen Geld. Wir haben jeweils fast 1000 Euro in Real abgehoben und damit das Limit unserer Kreditkarten nahezu erreicht. Aber das Geld wird jetzt reichen, auch wenn V noch 500 Real für ihre Mutter hierlassen will. Diesmal sehe ich nicht mehr ins Internet. Wir kaufen noch ein paar Kleinigkeiten, Lebensmittel und Windeln. G sitzt im Einkaufswagen und ihm wird offensichtlich schwindlig. Als er anfängt zu husten, nimmt ihn V geistesgegenwärtig aus dem Wagen. Er übergibt sich auf dem Boden und in einen Papierkorb. Als wir uns verdrücken wollen, kommt schon eine Reinigungskraft mit seinem Wagen angefahren und wir zeigen ihm die Stelle, wo es etwas aufzuwischen gibt. Wir kaufen ein paar Kleinigkeiten für meine Familie: Einen Handtuchkalender, wie ihn meine Oma immer gehabt hatte für meine Mutter, einen Bierhumpen mit in einer Kammer in der durchsichtigen Plastikwand eingelassener Kühlflüssigkeit, die man im Gefrierschrank auf Minusgrade bringen kann, um anschließend das Bier länger kalt zu halten für meinen Vater und ein Poloshirt für meinen Bruder.

Abends treffen wir uns mit Edgard. Wir haben ihm als Geschenk ein Buch von Georg Simmel mitgebracht, das er sich gewünscht hatte. Er fragt, ob Simmel in Deutschland viel diskutiert würde, ich meine, er sei nicht gerade in Mode, allerdings sei sein Aufsatz über den Fremden viel beachtet worden, als nach der Wiedervereinigung die Fremdenfeindlichkeit der ostdeutschen Jugendlichen Schlagzeilen machte. Wir unterhalten uns über Jugendgangs in Kreuzberg und Hellersdorf. Edgard hat ein schönes Haus im Bezirk der Professoren. G interessiert sich besonders für die zwei Hunde, denen er mit der gewohnten Mischung aus Neugier und Respekt begegnet. In der Küche lutschen wir Orangen und G hat sich vorgenommen, den 20-Liter-Wasserbehälter „alle alle" zu machen, weshalb er den Deckel seiner Nuckelflasche ein ums andere Mal füllt und austrinkt. Als er nicht mehr kann, drängt er uns das Wasser auf, um sein hoch gestecktes Ziel zu erreichen.

Marilda kommt nachhause, als Edgard sich gerade von V beraten lässt, was er mit seinem entzündeten Knie machen könne. Wir essen Kibi und G fischt die Kirschtomaten aus dem Salat. V ist es schon peinlich, wie er eine nach der anderen in den Mund stopft, sie denkt, dass Marilda Angst hat, er könnte die ganzen Tomaten aufessen, die deutlich teurer als die normalen sind. Mit Bier und Wein ziehen wir ins Wohnzimmer. G spielt mit aus Ästen gefertigten Buntstiften und wir merken zu spät, dass die Windel mal wieder nicht den Wassermassen standhielt, die er herausläßt. Es sieht fast so aus, als hätte er den Wasserkanister tatsächlich geleert. Wir erzählen noch über die Familie, die neuen Religionen und dass Vs Mutter der Teufel aus Gs Puppentheaterfamilie bereits wegwerfen wollte, weil schon das Abbild negative Energien erzeuge, die unser Leben in falsche Richtungen führen könnten.

Am Freitag kommt Zé mit einer Dose Cachaça 51 vorbei, die wir als Caipirinha leeren. Damit ist der Vormittag gelaufen. Das Mittagessen schmeckt noch besser als sonst und ein sü-ßer Schlaf bringt mich in den ereignislosen Nachmittag. Abends sind wir mit Vs Cousin Artur verabredet. Sie bringen uns in eine nob-le Pizzeria am Açude Novo. Hier gibt es nur „Kristall"-Bier, eine leichtere Variante, die in ungefärbten Glasflaschen verkauft wird, wie es die deutschen Bierhersteller mit ihren Marken auch machen, denen sie „Sun" oder „Gold" hinzufügen, um Jugendliche wieder zum Biergenuss zu verführen, den diese ver-stärkt zugunsten anderer Alkoholika und Gras verweigern. Die Pizza schmeckt hier nicht schlecht, was in Brasilien eher selten ist. Artur erzählt uns von der Bar des Ziegen-bocks, die ein viel einfacheres Ambiente habe und in die er uns am Dienstag ausführen werde.

Am Sonnabend ist wie jede Woche großes Familienessen angesagt. Eine Holztafel wird aus dem Keller geholt und über den Tisch ge-legt, dessen Fläche sich somit verdoppelt. Es wird fleißig aufgetafelt. Cousin Artur, seine Frau Jesuíta und seine Mutter Idalina kommen vorbei, auch Zé mit Frau Cicera („Nenem de Zé"). Wir trinken noch ein paar Bier zum Essen und es wird sehr gemütlich und ich lege mich anschließend wieder mit G zu einem Schläfchen ins Bett.

Sonntags fahren wir zum Sítio von Coelho, der inzwischen verstorben ist. Artur kümmert sich jetzt um das Gelände und hat dort einen in der Nähe wohnenden Bauern angestellt, der so verwaschen spricht, dass ich kaum etwas verstehe. G bestaunt die Pflanzungen von Bananen, Zitronen, Orangen, Bohnen, Macaxeira, Ananas und Mais. In einem extra angelegten Wasserloch vermisst er die Enten, die in Berlin immer zur Stelle sind, wenn wir an den See fahren. Auf dem Nachbargrundstück weidet ein Bulle, den G aufmerksam bestaunt. Er isst Goiabas direkt vom Baum und lutscht ausgiebig eine in der Mitte durchgeschnittene frisch geerntete Limone. Artur erntet auch eine orangengroße grüne Zitrone, die es zur Zubereitung einer Caipirinha aus Triunfo-Cachaça benutzt. Nachdem der Bauer

138

Macaxeira geerntet hat, die mitgenommen werden soll, gesellt er sich zu den Trinkenden und erzählt Geschichten, von denen ich wenig mitbekomme. Er lässt sich sein blaues Arbeitsbuch unterschreiben. Es ist selten, dass solche Arbeitsverhältnisse offiziell gemacht werden, über die Hälfte aller Beschäftigungen erfolgen „informal", in Deutschland Schwarzarbeit genannt. Zum Essen sind wir wieder zurück und ich halte schnapsselig wieder meinen Mittagsschlaf, der so langsam zur Gewohnheit wird. Das muss ich mir in Deutschland wieder abgewöhnen. Als ich aufwache werden die Macaxeira-Wurzeln gerieben und zu Teig verarbeitet. Drei große Bleche damit werden in den Ofen geschoben, der hier ebenso wie die zwei Kühlschränke überdimensioniert ist.

Den Montag verbringen wir in Zé's Haus. Um 10 Uhr werden wir abgeholt, vorher haben wir 20 Dosen „Antarctica" geholt, das brasilianische Standardbier, auf dessen Etikett zwei auf einer Eisscholle stehende Pinguine abgebildet sind. Zé hat eine Flasche „Serra Preta" gekauft, einen hervorragenden Cachaça. Er riecht mild nach Zuckerrohrsaft und kein bisschen abstoßend, obwohl er zu 45% aus Alkohol besteht. Die Qualität kann sich wirklich mit den besten Whiskys messen. Der Preis liegt bei 12 Reais für die 600ml-Flasche, was für hiesige Verhältnisse exorbitant ist, denn für 3 Reais kann man bereits einen ganzen Liter von normaler Qualität kaufen. Zé bereitet eine Caipirinha zu, indem er ganze Limonen mit der Schale zu Saft mixt, dem der Schnaps und Honig zugesetzt werden.

Gleichzeitig brät Nena Schweinerippchen als „Tira-Gostos". Sie schmecken nach Griebenschmalz und sind wunderbar zart. Wir reden, trinken und lachen viel. Zum Mittag gibt es Hähnchen, G isst wie immer nur Reis. Er wird langsam müde und wir legen ihn ins Schlafzimmer, wo er leider keinen Mosquiteiro hat und sein Gesicht einige Stiche abbekommt. Es tut einem richtig leid, ihn so zu sehen. Er selbst scheint von den Stichen nichts mitzubekommen, zumindest kratzt er sich nicht im Gesicht. Nur auf einen Stich am Arm zeigt er und sagt: „Olle Fliege Aua macht." Das hat er bei seiner Oma in Rathenow gelernt, wo es sich um richtige Fliegen handelte, die um den Esstisch summten. Oma sagte dann „Oh schon wieder so eine olle Fliege!" und G stimmte ein mit „Weg olle Fliege, hau ab!". Als Oma dann eine Fliegenklatsche holte und dem Brummer ein Ende bereitete, tat ihm die nun tote „olle Fliege" aber sichtlich leid.

Zwischendurch trinken wir einen Kaffee, um uns wachzuhalten. Ich bleibe aber gleichzeitig beim Bier, während die Frauen so langsam aussteigen, was alkoholische Getränke betrifft und auch Zé nur noch mäßig dem Bier zuspricht. Trotzdem bleibt am Abend nur eine Dose Antarctica übrig.

Mittwoch, 23. August 2006, Computerzeit 23.27

Gestern hat mich V ins Einkaufszentrum mitgenommen, um mir als Geburtstagsgeschenk eine Uhr zu kaufen. Schon immer hasse ich solche Einkäufe, bei denen man sich spontan für etwas entscheiden soll, das man anschließend jahrelang am Körper tragen muss, während einem Verkäufer auf die Finger sehen, die natürlich ihr Zeug loswerden wollen und alles hervorragend passend finden und beleidigt tun, wenn man es ihnen nicht abkauft. Deshalb trage ich seit ich denken kann Jeans und T-Shirts. Früher waren es schwarze Shirts, einerseits um der Ablehnung alles Bunten Ausdruck zu geben, andererseits, um sie zusammen mit der schwarzen Unterwäsche, der schwarzen Bettwäsche, den schwarzen Jeans und den schwarzen Handtüchern waschen zu können, ohne sich anschließend über Flecken ärgern zu müssen. Uhren ließ ich mir bei Bedarf bei der Verlängerung meines FAZ-Abonnements zuschicken. V drängte mich erstmals in Brasilien, mir weiße T-Shirts zu kaufen, was angesichts der bessren Reflektion der Sonneneinstrahlung akzeptiert und anschließend zum Konzept wurde. Jetzt sollte ich mir zum ersten Mal eine Uhr im Laden aussuchen.

Wir fahren ins Shoppingcenter und ich suche mir ein paar Uhren nach dem Geschmack der Abonnementsgeschenke aus: Schwarz und ohne Schnörkel. Leider sind die Armbänder zu kurz, so dass ich sie auf dem letzten Loch benutzen muss und das Ende ständig aus der Lasche rutscht. Dieses Phänomen bemerkte ich das erste Mal bei der letzten Uhr, die ich mir schicken ließ und die ich dann auf dem zweiten Loch benutzte, was einschnürte und eine komische Beule an meinem Handgelenk verursachte. Die einzige Uhr in meinem Stil, die nicht einschnitt, war eine Seiko für über 1000 Reais, was ich zu teuer fand. Dann war da nur noch eine Uhr mit weißem Ziffernblatt, wofür ich in diesem Moment noch nicht reif war. Wir zogen also weiter, V war es schon peinlich, dass wir nichts kauften und ich bereits genervt.

G wollte wieder auf den innenliegenden Spielplatz, V war das immer zu langweilig, weshalb ich mit ihm hineinging, während sie unter andrem einen Styroporbehälter für die Flasche Serra Preta kaufte, die Zé kurz zuvor vorbeigebracht hatte. Ich ging gerne auf Spielplätze, wenn sie so übersichtlich und altersgerecht waren wie dieser und man nicht unentwegt aufpassen musste, dass nicht irgendwas passierte. Dann konnte man sich über die Fortschritte des Kleinen freuen und sich gedanklich in die Kinderwelt begeben, einfach abschalten von den umgebenden Zwängen. Als V nach einer Dreiviertelstunde wiederkommt, wäre ich gerne noch geblieben, aber als G seine „Mamae" – wie er neuerdings sagt – sieht, will er heraus aus dem Spielplatzgelände. Ich habe ich animiert, auf dem Trampolin zu springen und sich auf den Hintern fallen zu lassen. Er verbesserte seine Koordination bereits nach wenigen Minuten, es wäre gut für ihn, wenn er regelmäßig hier über könnte, vielleicht würde er dann etwas weniger Schmach im Sportunterricht erleiden als ich. Beim Fußball ging ich immer in die Verteidigung, um einfach den Ball weghauen zu können und nicht von einem Mitspieler angespielt zu werden und den Ball koordiniert weitergeben zu müssen, was mir nie gelang. Die Angst, es nicht zu schaffen, machte dabei die motorischen Mängel noch schlimmer.

Wir gehen in ein zweites Uhrengeschäft, wo die ausgesuchten Uhren wieder nicht passen. Der Vorschlag auf ein Metallarmband umzusteigen wird abgelehnt. Im dritten Geschäft lassen wir uns einen Armbandwechsel aufdrängen, obwohl ich Zweifel habe, dass das Armband länger ist als das Vorhergehende. Die Verkäuferin bindet mir die Uhr um und meint sie würde doch hervorragend passen. Ich sehe V an, auf dass sie mich aus dieser Situation erlöse, doch sie fragt nur „Willst Du sie haben?" Ich ziehe mich zurück und beschäftige mich mit G während V die Uhr kauft. Wir fahren zurück und ich finde die Uhr zu eng. Cousin Artur und Frau warten schon, um uns zum Mittagessen auszuführen. Ich habe angesichts des misslungenen Uhrenkaufs eigentlich keine Lust mitzufahren, aber auch keine Courage die Verwandtschaft einfach abzuweisen.

Wir fahren in den Bodão (Vergrößerungsform von Ziegenbock), wo nur selbiger kredenzt wird, mit verschiednen Beilagen versteht sich. Das Fleisch wird gekocht, gegrillt und als Bratwurst serviert. Alles hat den etwas strengen Geschmack an sich, den man bereits riechen kann, wenn man einem Ziegenstall nahe kommt. Es schmeckt aber trotzdem hervorragend. Als Aperitif nehme ich einen Cachaça zu mir. Zum Fleisch werden Milchreis, Nudeln und Bohnen gereicht. Ich trinke reichlich Bier, um die Einkäufe des Tages zu vergessen.

Als wir zurück sind, lege ich mich hin und schlafe ein paar Stunden. V gibt unterdessen die Uhr zurück. Als ich aufwache spüre ich eine tiefe Traurigkeit. Ich mache dafür zunächst den Fehlkauf verantwortlich und schiebe die Schuld auf V, die mir nicht geholfen habe, danach ärgere ich mich über meine eigene Unfähigkeit, so ein simples Geschäft zu regeln. Aber auch als V nach einigen Mühen ohne die Uhr zurückkommt bleibt die innere Leere. Ich kann einfach mit niemandem reden und bleibe im Bett und starre auf die Decke. V versucht mehrmals, mich mit Scherzen zum Aufstehen zu animieren, was mich noch tiefer in die Leere zieht. Ich bin nahe daran zu heulen und grüble darüber nach, woran das liegen kann.

Ich lese ein paar Stellen dieses Diario und stoße mich an der Formulierung „meine Dissertation". Sie kommt mir fremd und verlogen vor. Ich frage mich, warum ich mich eigentlich wieder in den Status eines Studenten begeben habe. Hatte ich wirklich schon vergessen, wie sehr ich den ganzen Habitus der Universität gehasst hatte? Wollte ich mir irgendetwas beweisen, indem ich mich dem Ganzen erneut aussetzte? Ich war wohl unzufrieden mit den ständig schlechter werdenden Arbeitsbedingungen, denen ich ausgesetzt war. Hatte ich mich deshalb in eine noch ausweglosere Lage gebracht? Und was hatte die Mail „Vermögenserklärung" zu bedeuten? Soll ich jetzt wirklich unser durch harte Arbeit verdientes Geld aufbrauchen? Wir haben nie etwas geschenkt bekommen. Meine Eltern haben mich zwar immer unterstützt, aber Reichtümer habe ich von ihnen nicht bekommen. Das ist auch gut so, alles was wir haben, haben wir uns selbst erarbeitet. Um so mehr ärgert es mich jetzt, das eventuell alles umsonst gewesen sein könnte, wir am Ende genauso dastehen könnten, als hätten wir auf der faulen Haut gelegen oder alles verprasst. Ich denke darüber nach, wie es wäre, das nächste Jahr von den Ersparnissen irgendwo in einem Strandhäuschen zu verbringen. Ich spiele durch in Deutschland alles aufzugeben, alle Spuren zu verwischen. Die Bankkonten könnten aufgelöst, alle Verträge gekündigt werden, weder per Telefon noch per E-Mail wäre ich erreichbar. Einen großen Teil meiner Sachen würde ich verkaufen oder wegwerfen. Solche Gedanken habe ich seit meiner Kindheit. Die Flucht würde befreiend wirken, alles würde gekappt und später nur das wieder aufgenommen, was keine deprimierenden Züge hatte.

Aber auch diese Gedanken helfen mir nicht weiter, wahrscheinlich weil ich nichts davon ausführen kann. Vielleicht ist es auch nicht gut hier zu sitzen und Tagebuch zu schreiben. Es kommen dabei zu viele Erinnerungen und Selbstanalyse hinein. Ich überlege jedenfalls, die Dateien auf diesem Computer zu löschen, das wäre vielleicht ein Anfang. Ich verschiebe die Entscheidung. Ich trinke noch ein paar Bier, die von gestern übriggeblieben sind und spiele mit dem Gedanken, die Flasche Cachaça zu öffnen, die Zé uns zum Mitnehmen nach Deutschland gebracht hat. Ich teste wie V darauf reagieren würde, indem ich sie um ein Glas bitte und auf die logische Nachfrage wofür es sei, meinem Plan offenbare, den Cachaça zu trinken. Sie tut das Ganze als Scherz ab und geht wieder weg, ich bleibe im Bett liegen und traue mich nicht, die Flasche zu öffnen. Ich habe plötzlich Angst, alleine gelassen zu werden. Sollte ich Ihr sagen, dass ich meine Promotion abbrechen will? Will ich das überhaupt?

Die Gedanken kreisen und die innere Leere wächst. Vielleicht ist es mein bevorstehender Geburtstag, der mich unbewusst in die Krise bringt, die andere an ihrem 30. erleben. Oder die vorgezogene Abschiedsstimmung angesichts weniger verbleibender Tage in Campina, die ins Depressive tendiert. Ich konnte mich nie gut verabschieden. Deshalb spiele ich das „Tschüß machen" mit Gupa auch immer ausgiebig durch. Vielleicht fällt es ihm dann mal irgendwann leichter. Ich verdrücke mich am Liebsten still und leise. Auch jetzt würde ich am liebsten gleich nach Recife fahren, um dort im Hotel auf die Abreise zu warten. Edgard ruft an, aber ich kann nicht mit ihm sprechen. Was wird er nur denken? Die gute Seele hat uns so oft angerufen und wir haben ihm so wenig Aufmerksamkeit geschenkt. Auch Helmut wollte ich eigentlich noch einmal treffen, auch daraus wir nun nichts mehr. Ich werde mich wohl per E-Mail von Deutschland aus entschuldigen. Oder lasse ich den Kontakt einfach abreißen, lösche die E-Mail-Adressen und mache mir selbst eine neue, damit ich keine peinlichen Nachfragen lesen muss, warum ich mich nicht mehr melde?

So vergehen die Stunden. Auch den Mittwoch Vormittag bleibe ich liegen. V will mich animieren wegzufahren. Ich wollte eigentlich nach Caruarú auf den riesigen Markt, aber es hatte nie geklappt, weil wir immer irgendwelche Sachen zu erledigen oder Verwandte zu besuchen hatten. V denkt nun, dass ich deswegen so komisch bin. Tatsächlich wäre ich gerne weggefahren, aber im Moment kann ich mich nicht aufraffen. Nachmittags als G schläft, gehen wir schließlich ins Kino. Es gibt nur noch das „Multiplex" im Shoppingcenter, das Kino im Zentrum, wo ich früher ein paar Mal mit V war, hat die Konkurrenz nicht überlebt. Wir sehen uns „Fluch der Karibik 2" auf englisch mit portugiesischen Untertiteln an. Ich lese mit, weil mein Englisch ziemlich eingerostet ist. Ich verstehe alles, allerdings verpasst man beim Lesen doch viele Details im Bild. Wir essen noch ein Maracujadessert bei „La Suiça". So richtig in Stimmung bin ich nicht gekommen.

Auf dem Gang des Shoppingcenters gibt es eine Werbeaktion der Armee. Ein Zelt, das gerade mal 1,80 lang und vielleicht 40 Zentimeter hoch und wenig breiter ist in Tarnfarben ist ausgestellt, dazu ein paar Ausrüstungsgegenstände wie Helme, Kompass und ähnliches. Alles sieht wenig modern aus, sondern so wie ich es aus dem „Wehrlager" in Tegeland kenne. Dort habe ich wie alle Jungen im Sommer in der neunten Klasse 3 Wochen verbringen müssen. Mich könnte man mit dieser „Ausstellung" nicht dazu bringen, mich als Soldat zu verpflichten. Viele machen es hier, weil es eine gute Möglichkeit ist, der Arbeitslosigkeit zu entrinnen. Als wir herauskommen, stehen ein Panzer, ein LKW und ein Jeep auf dem Parkplatz. Zwei Soldaten stehen darauf, aber niemand nähert sich, um interessierte Fragen zu stellen. Später sehen wir einen LKW unter dessen Plane während der Fahrt eine Menge Soldaten in voller Montur auf Holzbänken sitzen. Ich denke an die armen Kindergesichter, die in den russischen Kasernen in Rathenow interniert waren und nur in Reih und Glied alle paar Monate herausdurften, während ein Offizier mit dem Fahrrad nebenherfuhr. Jede Woche mussten sie die Mauer um die Kaserne mit weißer Farbe tünchen und mit Reisigbesen die Straße fegen. Sonst sah man nicht viel von ihnen.

Als wir zurückkommen, merken wir, dass unser Zimmer wie ein Ziegenstall riecht, die Ausdünstungen von unserem gestrigen Mittagessen sind stark. G schläft jetzt im Zimmer von Vs Mutter in einem eigenen Bett und wir haben etwas mehr Platz. Da die Windeln ständig ausgelaufen sind, bekommt er nachts zwei Windeln um, eine der zu kleinen normalen Windeln als Einlage in einer der zu schwachen Erwachsenenwindeln. Zur Sicherheit hat Nena die Matratze mit einer Plastikfolie bezogen. Am zweiten Tag zeigt Gupa darauf und sagt: „Lieber nicht haben das." Wahrscheinlich hat es beim Umdrehen geknistert und er ist aufgewacht. Ich habe immer noch keine Lust, irgendetwas zu machen, zwinge mich aber, mich in die Sala zu setzen und zu schreiben. Wenn jemand vorbeikommt schaue ich nicht auf, verstecke mich hinter dem Bildschirm.

Donnerstag, 31. August 2006, Computerzeit 11.35, Ortszeit 11.35

Wir sind inzwischen zurückgekehrt und ich will die langsam einkehrende Ruhe dazu nutzen, dieses Diario abzuschließen. An meinem Geburtstag, dem Donnerstag Morgen fühle ich mich etwas besser. Vielleicht hat es mir geholfen, am Mittwoch einiges aufgeschrieben zu haben, vielleicht auch nicht. Meine Eltern rufen an und gratulieren. Es tut gut, ihre Stimmen zu hören und dass dort alles in Ordnung ist. Ceiça holt uns ab, damit wir den

Tag bei ihr verbringen. Sie wusste offensichtlich nicht, dass ich Geburtstag habe.

Nach dem Mittagessen fährt Ceiça Ivanildo an die Uni. Ich fahre mit, wie immer genieße ich es durch die Straßen von Campina kutschiert zu werden. Besonders die Motorradfahrer faszinieren mich. Sie tauchen aus dem Nichts auf, schneiden den Weg der Autos und verschwinden wieder. Man staunt, dass so wenig passiert. Dabei transportieren sie oft Wasser- und Propangasflaschen, manchmal sieht man den Sozius auch mit einer der fast zwei Meter durchmessenden Parabolantennen beladen. Verkäufer kopierter CDs schieben eine auf eine Sackkarre montierte Kiste mit Verstärker und Lautsprecher durch die Gegend, um ihre Ware weit hörbar anzupreisen.

Auf dem Rückweg hält Ceiça an einer Bäckerei im Zentrum, um eine Schokoladentorte zu kaufen. Als wir zurückkommen, hat V einen Zwölferpack Bier gekauft. Sie war mit der Hausangestellten Çida dort geblieben, die vorher im Haus von Vs Oma gearbeitet hat, weshalb sich die beiden gut kennen. G ist im

Auto fast eingeschlafen. Ich scherze, dass wir jetzt auch ein Auto kaufen müssten, weil G sich jetzt nicht mehr anders fortbewegen wolle und wir so außerdem ein Mittel hätten, ihn in den Schlaf zu bringen. Die Schokoladentorte hat außer ihrer starken Süße wenig Geschmack. Wir nehmen noch ein großes Stück mit, als wir wieder zurückfahren, aber auch dort findet sie keinen Abnehmer. Alle sind noch gesättigt von den großen Mengen Macaxeira-Kuchen, die es diese Woche gab. Ich bekomme einen gravierten Kugelschreiber geschenkt und ein Polohemd, was mich ein bisschen anrührt. Den Rest meines Geburtstages verbringe ich ruhig vor dem Fernseher. V packt noch die restlichen Sachen zusammen, es wird wie immer ein trauriger Abschied werden.

Am nächsten Tag fahren wir früh zur Rodoviária. G spürt die Bedeutung dieses Moments, obwohl alle versuchen, sich ihre Traurigkeit nicht anmerken zu lassen. Vs Mutter fährt nicht mit. Wir sitzen in der Halle und warten auf das Einsteigen in den Bus. G hüpft umher und zählt die Passagiere durch:

„Einzweidreivierfünf alle Onibus voll machen!"
und versucht uns an der Hand in Richtung
des Busses zu ziehen. Wir erklären ihm, dass
Onkel, Tanten und Uroma nicht mitkommen
können und er „Tschüß machen" muss, wenn
wir im Bus sitzen. Es wird eine schweigsame
Fahrt. G schläft schnell ein und ich versuche,
V ein bisschen abzulenken, was mir nur mäßig gelingt.

Wieder kommen wir im Aconchego unter. G
freut sich über das Wiedersehen mit „Tatu
Banana". Wir gehen noch einige Sachen im
Hiper Bompreço einkaufen. V bezahlt mit
Kreditkarte, denn sie hat 600 Reais hinter
dem Spiegel in unserem Zimmer gelassen und
unsere Bargeldreserven reichen nur noch für
Hotel, Mittagessen und Taxi am nächsten
Tag. Ich mache mir etwas Sorgen um den
Flug. Ich habe die Bilder der englischen und
amerikanischen Flughäfen im Kopf, wo man
nur noch mit seinen Flugpapieren in einem
durchsichtigen Beutel ins Flugzeug durfte,
weil gerade ein geplanter Anschlag aufgedeckt
wurde. Könnten solche Vorkehrungen inzwischen auch in München, Lissabon oder sogar

Recife gelten? Würde man mich zwingen, diesen Computer im Koffer unterzubringen? So wie die Koffer beim Umladen behandelt werden, könnte ich ihn dann auch gleich in den nächstgelegenen Papierkorb werfen.

Ich spiele wieder Snooker auf der herrlich luftigen Terrasse mit G, während V die Koffer noch einmal umorganisiert. Abends bleiben wir im Zimmer und trinken ein paar Antarctica. Für G haben wir Caja-Saft geholt, der aber nicht besonders schmeckt, ein bisschen muffig ist. Aber der Maracujasaft, den wir ebenfalls besorgt haben, schmeckt uns und Gupa und bringt ihn in den Schlaf.

Morgens genießen wir ausgiebig das leckere Frühstücksbuffet. Wir nutzen die Chance, noch einmal ins Meer zu springen. Die Sonnenschirme sind schon wieder aufgebaut und wir werden bedrängt, uns einen davon zu mieten, was wir aber wieder ablehnen. Wir schmieren uns mit dem Rest von Gs Sonnenblocker ein und gehen ins Wasser. Es ist Ebbe und das Riff steht aus dem Wasser und man tritt bereits in Knietiefe auf seine scharfkantigen unterirdischen Teile, was mir den Badespaß etwas verleidet, denn diese Barriere ist durchgehend und man kann sich also nur vollends mit Wasser benetzen, indem man sich hinsetzt. Wir bauen mit G einen „Swimmingpool" an einer Stelle, an der die Wellen auf ihrem Rückzug nur noch selten ankommen und das ausgehobene Loch zwar mit Wasser füllen, es aber nicht mit ihrer ganzen Kraft überspülen und damit einebnen.

V handelt mit der Rezeption aus, dass wir bis 14 Uhr im Zimmer bleiben können. So kann G ausschlafen, bevor wir uns hinausbegeben und die lange Reise antreten. Wir setzen uns ins Maracajú und essen Bife mit Reis und Pommes und trinken ein paar Bier dazu. G spielt mit Luftballons, die kurz nach dem Aufblasen platzen und deshalb, obwohl wir eine ganze Menge dabeihaben, bald Vergangenheit sind. Ich spiele noch Snooker mit G, während V das erste Mal den mitgebrachten CD-Spieler benutzt. Gegen 17 Uhr brechen wir auf, das Taxi bringt uns zum Flughafen, wo wir um 19 Uhr abheben. Um meinen Computer und die Getränkeflaschen, die wir im umfangreichen Handgepäck haben, kümmert sich hier niemand. Ich investiere unsere letzten Reais in ein Bier und etwas zu essen an einem Flughafenimbiss. Diesmal ist V nervöser als ich und will so schnell wie möglich zum Abflugsteig.

Die Nacht im Flugzeug ist wie immer unbeschreiblich unbequem und scheint nicht enden zu wollen. In Lissabon trinken wir einen schlechten Kaffee, in München haben wir wenig Zeit zum Umsteigen. Als wir endlich in Berlin angekommen sind, warten wir lange auf unsere Koffer – vergeblich wie schon so oft. Meine Eltern sind da und G versteht nicht, warum er nicht dorthin gehen kann, wo sie stehen, es ist doch nur eine Glasscheibe dazwischen. Als wir das verschwinden der Koffer registrieren lassen haben, fahren wir mit dem Bus nachhause.

An der Haustür klebt ein Zettel, dass diese doch geschlossen gehalten werden solle, weil schon Fahrräder gestohlen und in eine Wohnung eingebrochen worden sei. Im gleichen Moment stehe ich vor unserer Wohnungstür, ich kann mich nicht erinnern, wie ich hier so schnell hergekommen bin, aber sie ist verschlossen und ich bin erleichtert. Meine Mutter hat mit G unten gewartet und sagt noch zu ihm: „Oh warte mal, da gehen wir lieber gar nicht rauf", als ich schon wieder unten bin und Entwarnung gebe, noch bevor die anderen so richtig verstanden haben, was los ist. Ich stehe völlig unter Spannung. Schlafen können werde ich jetzt nicht, obwohl ich total übermüdet bin.

Ich bin froh, dass unsere Pflanzen überlebt haben. Ich hätte es sehr traurig gefunden, sie verdorrt wiederzufinden, aber Vs Technik, mit Wasser gefüllte Plastikflaschen in die Erde zu stecken, hat funktioniert. Sogar die Balkonpflanzen haben überlebt, das aber nur weil es den ganzen August hier kühl und regnerisch war. Hätten wie vor unserer Abfahrt wochenlang dreißig Grad geherrscht wären sie jämmerlich vertrocknet. Um mir diesen Anblick bei der Rückkehr zu ersparen, wollte ich sie eigentlich schon vor der Abreise in einem Moment der Gefühllosigkeit in die Mülltonnen schütten. Das hatte V aber glücklicherweise verhindert.

Unsere Koffer werden nach einer Woche, in der V täglich mit der Lufthansa telefoniert und ich E-Mails an alle möglichen Beschwerdestellen verschicke, doch noch gebracht. Bei Edgard und Helmut rede ich mich heraus, ich wäre krank gewesen und hätte mich deshalb nicht gemeldet, was gar nicht so weit von der Wahrheit entfernt ist. Sie reagieren sehr verständnisvoll und freundschaftlich.

In meinem Briefkasten finde ich einen auszufüllenden Bogen zur „Vermögenserklärung" der Hans-Böckler-Stiftung, der eine detaillierte Auflistung und Nachweise über Kontostände verlangt. Ich zerreiße ihn und spüle ihn im Klo herunter. Wenn davon mein Stipendium abhängt, dann soll es das gewesen sein. Auf meine Nachfrage hin schreibt mir mein Kollege Michael Martin, dass der Bogen eine „riesige Welle" geschlagen habe und die Stiftung deshalb in ihrer E-Mail mitgeteilt habe, das Ausfüllen sei erst mal ausgesetzt. Die ganze Nervosität war also umsonst gewesen. Hätte ich doch nur die E-Mail gleich gelesen und nicht einfach gelöscht. So kann eine Entscheidung von einem Bruchteil einer Sekunde bei mir ganze Tagesabläufe beeinflussen.

Noch immer fühle ich mich nicht besonders gut. Ich habe immer geglaubt, bei Vollmond schlecht zu schlafen. Inzwischen überlege ich, ob ich nicht fast immer schlecht schlafe und wenn ich zufällig bemerke, dass Vollmond ist, es auf diese Tatsache schiebe. Noch immer kann ich mich über nichts so richtig freuen, außer wenn mein Kleiner vor mir Spaß macht. Auch er hat meine Traurigkeit schon erspürt und nimmt meinen Kopf in seine Arme und prustet mir auf die Wangen und lacht mich an. Es kommt mir vor, als seien das die einzigen Glücksmomente, die ich noch erleben könne. „Papa lacht wieder!" sagt mein Sonnenschein dann. Aber bald fühle ich mich wieder leer und ausgequetscht. Das liegt aber wahrscheinlich nicht nur an dieser Geschichte.

Dienstag, 24. Oktober 2006, 11.48

Es geht mir inzwischen besser. Deshalb möchte ich dieses Tagebuch heute abschließen. Denn in Phasen wie der hier zuletzt beschriebenen habe ich manchmal den Eindruck, mich nie anders gefühlt zu haben, als leer und einsam. Eigentlich sollten mir diese Aufzeichnungen das Gegenteil beweisen. Auch darum hatte ich unbewusst die Brasilienreise als zu erwarten positiv besetzbares Ereignis für eine Niederschrift ausgewählt. Wie so oft wurde aber auch dieses Stück Vergangenheit mit dem bitteren Geschmack der Traurigkeit belastet. Früher habe ich dann solche Dokumente und Aufzeichnungen verbrannt. Das Feuer hatte für mich eine symbolische und tatsächlich reinigende Kraft. Wie die Hexen im Mittelalter verbrannten meine Dämonen, wenn mit dem Aufglühen des Papiers die Erinnerungen ins Unterbewusste verbannt wurden.

Begonnen hatte dieses Ritual mit dem Verbrennen meines ersten Tagebuchs. Ich hatte es zu meinem zehnten Geburtstag von meiner Tante Erika geschenkt bekommen, weil ich immer so gerne geschrieben hatte, unter anderem viele Briefe an die Verwandten. Vielleicht war es ein Zeichen, meine Schilderungen doch lieber für mich selbst zu behalten, wahrscheinlich aber eine liebgemeinte Aufforderung, meine literarischen Anstrengungen weiter zu konzentrieren. Das Buch war in graues Leinen gebunden, hatte dicke gelblich gefärbte Seiten und auf dem Deckel war in goldener Schrift das Wort „Tagebuch" eingeprägt. Ich hielt darin alltägliche Geschehnisse fest, bis die Last der Erinnerungen wieder einmal zu groß wurde und ich mich einfach von diesem Dokument meiner Qualen trennen musste. Ich legte meinen Ausweis der Jungpioniere dazu und noch einige andere verlogene Dokumente, die ich hatte unterschreiben müssen und umwickelte das Ganze mit Pflasterband, weil ich der Ansicht war, es würde so besser brennen.

Ich begab mich in die Kiefernschonung gegenüber von unserem Sportplatz und versuchte mit Streichhölzern des VEB Riesaer Sicherheitszündwaren das Bündel, das auf mir lastete in Flammen zu versetzen. Unglücklicherweise war es Sommer und das trockene Gras, das auf der kleinen Lichtung wuchs, wo ein paar der sonst in Reihe und Glied wachsenden Kiefern abgestorben waren, entzündete sich so rasch, dass meine versuche, das Feuer auszutreten nur noch lächerlich waren. In Panik lief ich davon und ließ mein Bündel liegen. Auf der anderen Seite der Schonung kam ich auf einem Weg aus Betonplatten heraus, an denen noch die Metallösen herausschauten, mit deren Hilfe sie verlegt worden waren. Ich rief nach Hilfe, aber niemand war zu sehen. Ich lief weiter in den Wald hinein und schrie mich selbst an. Irgendwann lief ich zurück und sah, wie Junge Männer mit Schaufeln in die Schonung liefen, über der graue Rauchschwaden aufstiegen.

Ich ging nachhause und verbrachte tagelang in Unruhe und schreiender Angst, man könnte mein Paket gefunden haben und mich als

Verursacher des Brandes identifizieren. Irgendwie erfuhr ich später, dass man den Funkenflug der naheliegenden Bahnstrecke für den Brand verantwortlich gemacht hatte. Wahrscheinlich waren meine Dokumente mitverbrannt. Trotz der Ungewissheit, die mich diesbezüglich plagte, traute ich mich lange Zeit nicht, noch mal zu der Stelle zu gehen, an der ich das Feuer entfacht hatte. Auch als ich dies später tat, fand ich nichts, ich konnte mich nicht mal mehr an die Stelle erinnern.

Trotz dieser Erfahrung behielt ich mein Ritual bei. Mit dem Sohn eines Arbeitskollegen meiner Mutter verbrannte ich unter anderem die Dokumente meiner staatlich organisierten Brieffreundschaft mit der Russin Olga. Dabei befand sich auch ein Aufkleber, der je nach Blickrichtung das Motiv veränderte. „Was so was Gutes willst du verbrennen?", rief ungläubig der Sohn der Kollegin und schickte sich schon an, das Tagebuch, auf dessen Deckel das Bild klebte, aus dem Feuer zu klauben. Zum Glück kam von Weitem ein Mann näher und rief „Was macht ihr denn da?". Ich sah im Augenblick des Erschreckens noch den Aufkleber zerschmelzen, bevor wir uns auf die Flucht begaben und uns in einer Garage versteckten. Diesmal war ich mir fast sicher, dass alles in Rauch aufgegangen sein musste, bevor der Mann die Feuerstelle erreicht haben konnte. Auch auf dem Balkon unserer Wohnung verbrannte ich einzelne Dokumente, oder auch im Abzug der Gastherme in der Küche, der den verräterischen Rauch mit sich nahm, worauf ich das verbrannte Papier im Spülbecken zerbröselte und wegspülte. Später machte es mir die Ofenheizung in meiner Wohnung leicht, mich von Dokumenten und auch anderem zu trennen. Lästige Erinnerungen warf ich einfach weg. Ärgerte ich mich, dass mir ein Glas zerbrochen war, warf ich das andere seiner Sorte einfach mit weg, damit ich mich bei seinem Anblick nicht an den Unfall erinnern musste.

Diesmal bräuchte ich nur diese Datei schließen und die Löschtaste betätigen und die Aufzeichnungen wären verschwunden. Einerseits hätte das aber kaum noch den rituellen Effekt meiner Verbrennungen, andererseits will ich diesmal einen positiven Abschluss finden und damit der Tradition des Vergessens ein Ende bereiten, auch wenn ich nicht weiß, ob ich mich trauen werde, dies hier noch einmal zu lesen.

Seit zwei Wochen bessert sich meine Stimmung. Wir haben uns ein Auto gekauft. Einen neuen Honda Jazz. Meine Vorfreude hielt sich in Grenzen, irgendwie ließ es das Äußere Geschehende nicht zu. Aber inzwischen haben wir ein paar schöne Ausflüge gemacht. Wie immer reisten wir zuerst in Richtung Nordwesten. Die erste Fahrt führte uns nach Wandlitz. Am Liebnitzsee wanderten wir durch den wunderbaren Buchenwald. Am vergangenen Wochenende fuhren wir nach Chorin und Angermünde und auf dem Rückweg wieder nach Wandlitz. Es herrschte herrlicher Sonnenschein, für die Jahreszeit absolut ungewöhnlich. Obwohl G bei der ersten Fahrt sein Frühstück wieder ausbrach und es anfangs noch andere kleinere Stressmomente gab, wurde es einfach nur schön und ich merkte, dass ich mich wieder freuen konnte. G lief den ganzen Weg vom Waldhotel bis zum See und zurück. Zuhause war er so erledigt, dass er schon um 18 Uhr schlafen ging. Er kommt jetzt tagsüber ohne Windeln aus und macht auch sonst viele kleine Fortschritte. Seit 6 Wochen geht er jeden Tag in den Kindergarten ohne krank zu sein, so lange hat er davor noch nie durchgehalten. Ich hoffe, er wird gesünder als ich, hoffentlich in jeder Beziehung.

„Glücklichsein heißt dumm sein und Arbeit haben", hat irgendjemand mal gesagt. Tatsächlich hat viel Arbeit mich zeitweise davor bewahrt, unglücklich zu sein. Wahrscheinlich ist wirklich Derjenige glücklicher, der keine Zeit oder keinen Antrieb hat, über irgendwelchen Sinnfragen zu verzweifeln. Deshalb schuftet wohl auch die halbe Menschheit so viel wie möglich, während die andere Hälfte sich die Gedanken anderweitig betäubt. Vielleicht kann man diese Erkenntnis ins etwas weniger Zynische wenden, wenn Glück bedeutet, wenig Zeit zu haben, weil man sich mit Kindern umgibt. Vielleicht ist das der Grund, warum meine Zweifel, ob wir noch ein Kind haben sollten, in letzter Zeit gewichen sind.

Aus unserem Verlagsprogramm

Spectators Of Suicide

Briefe

2000 bis 2001

herausgegeben von Estevão Ribeiro do Espinho

Taschenbuch
EUR 9,99

Entstanden als Punk-Gruppe in der DDR schufen
die "Spectators Of Suicide" einzigartige Collagen
aus Sound und Wort: Die "Bastard-Death-Art". Dieses Buch präsentiert den zuvor völlig unveröffentlichten Briefwechsel zwischen den Musikern der
Band aus den Jahren 2000 und 2001.

Aus unserem Verlagsprogramm

101,3 Megahertz

Songtexte und Briefe der Spectators Of Suicide

herausgegeben von Estevão Ribeiro do Espinho

Taschenbuch
EUR 9,99

Die „Spectators Of Suicide" lösten sich im Jahre Zweitausend nach 15 Jahren Bandgeschichte auf, die maßgeblich von den Ereignissen der Wende geprägt war. Im Land Brandenburg erlangten sie regionale Berühmtheit, scheiterten aber letztlich an dem Versuch, ihr künstlerisches Lebenskonzept im Nachwende-Berlin umzusetzen. Nur wenige Songs der Spectators kursieren noch im Internet. Dieses Buch präsentiert nun erstmals die Songtexte der Band sowie den Briefwechsel zwischen den Musikern aus den Jahren 2004 und 2005.

Aus unserem Verlagsprogramm

Spectators Of Suicide

Briefe

2002 bis 2003

herausgegeben von Estevão Ribeiro do Espinho

Taschenbuch
EUR 9,99

Entstanden als Punk-Gruppe in der DDR schufen die "Spectators Of Suicide" einzigartige Collagen aus Sound und Wort: Die "Bastard-Death-Art". Dieses Buch präsentiert den zuvor völlig unveröffentlichten Briefwechsel zwischen den Musikern der Band aus den Jahren 2002 und 2003.